Escravidão, Reforma e Imperialismo

Coleção Debates
Dirigida por J. Guinsburg

Equipe de realização — Tradução: Luiz João Caio; Revisão: José
Bonifácio Caldas; Produção: Plinio Martins Filho.

richard graham
ESCRAVIDÃO, REFORMA E IMPERIALISMO

EDITORA PERSPECTIVA

Copyright © Editora Perspectiva

Direitos em língua portuguesa reservados à
EDITORA PERSPECTIVA S.A.
Av. Brigadeiro Luís Antônio, 3025
01401 – São Paulo – Brasil
Telefone: 288-8388
1979

SUMÁRIO

Prefácio 7

Introdução 9

1. A Escravatura Brasileira Reexaminada 13

2. A "Família" Escrava no Brasil Colonial 41

3. As Causas da Abolição da Escravatura no Brasil . . 59

4. Os Fundamentos da "Questão Christie" 79

5. Mauá e a Diplomacia Anglo-Americana 129

6. A Inglaterra e os Abolicionistas Brasileiros 147

7. Os Sipaios e os Imperialistas 161

8. Escravocratas, Latifundiários, e o Fim do Império   179

PREFÁCIO

O presente livro é uma coleção de ensaios que escrevi no decorrer de vários anos, a partir de 1958. Com uma exceção, todos já foram publicados, a maior parte em inglês. Apesar dos variados assuntos de que tratam, conservam uma unidade temática que procuro explicar na Introdução. Espero que o leitor desculpe as repetições ocasionais, inevitáveis em obras desta natureza. Não fiz revisões, porque ao fazer algumas seria levado a fazer muitas, e estas conduziriam a uma obra inteiramente diferente. Alguns dos pontos de vista uma vez sustentados não foram mantidos por muito tempo. De fato, alguns ensaios apresentam interpretações que são contraditadas em outros.

Não obstante, pareceu útil reunir o velho ao novo, não pelo fato de isso revelar minha própria trajetória intelectual — questão de limitado interesse — mas porque em cada caso há material que pode ser utilizado por brasileiros ao construírem sua própria visão da história brasileira.

Desejo agradecer as seguintes revistas e editores pela permissão de usar, neste volume, material de minha autoria por eles anteriormente publicado: *Journal of Social History; Hispanic American Historical Review; Revista de História; Inter-American Economic Affairs; Luso-Brazilian Review;* e Cambridge University Press.

Agradecimentos especiais vão a Carlos Guilherme Mota, o primeiro a encorajar-me a reunir esta coleção; levantou muitos problemas que levarão ao abandono de alguns dos pontos de vista originalmente expressos nos próprios artigos aqui reunidos.

O leitor notará que as citações foram retraduzidas do inglês para o português, ainda mesmo que o original possa ter sido em português. Inevitavelmente, tal processo pode alterar as palavras ainda que não altere seu sentido.

INTRODUÇÃO

Na interpretação da história brasileira no século XIX, três questões predominantes emergiram: a estrutura de classe de uma economia baseada na escravidão; as transformações que acabaram com a escravidão sem destruir esta estrutura; a dependência do Brasil dentro da realidade econômica internacional. Esta coleção trata de cada um destes problemas a partir de vários pontos de vista. A escravatura brasileira e a presença inglesa são os dois traços que os une.

A abolição da escravatura não teve o efeito que os abolicionistas esperavam. Imaginavam-na como o primeiro passo na transformação da sociedade através da criação de uma classe de pequenos e independentes proprietários rurais que iria estimular, por seu consumo e produção, a ascensão de uma indústria moderna. Embora isso não tenha acontecido, a abolição da escravatura permanece um acontecimento importante na história brasileira. Como alteração da relação legal entre as pessoas, continua como um símbolo para um processo de mudança que se estende por muitas décadas, tanto antes como depois de 1888. A tarefa do historiador não é negar sua importância mas investigar seu verdadeiro significado. Visando a este objetivo, deve procurar examinar o próprio sistema escravagista. Isto só pode ser feito com trabalho diligente, pouco a pouco, monograficamente. No primeiro ensaio desta coleção passo em revista a obra de cinco brasileiros que escreveram sobre a escravatura. No segundo, dou uma contribuição minha, de menor importância, com relação à sua interpretação, com base em materiais documentários originais. A seguir, no capítulo terceiro, apresento uma interpretação das causas do fim da escravatura no Brasil, ligando-a a processos mais amplos de mudança econômica e social.

Uma das ambigüidades da história brasileira do século XIX reside no papel desempenhado pelos ingleses na cessação do tráfico negreiro e, depois, no trabalho realizado com vistas à supressão da escravatura. As atitudes características de imperialistas transpiram manifestamente de cada ação ou palavra dos ingleses. Como procuro mostrar no Cap. 7, embora o Brasil não pertencesse formalmente ao Império Britânico, certamente era parte de um sistema imperial como o era a Índia, tanto do ponto de vista objetivo ou econômico como do ponto de vista subjetivo ou ideológico. Considerando as coisas do ponto de vista do escravo, tivesse ele informação suficiente para emitir um juízo, só poderia considerar o inglês como um libertador. Esta ambigüidade marcou o movimento abolicionista brasileiro e deve marcar a obra do historiador. Os Caps. 4, 5 e 6 examinam o papel da Inglaterra no processo de enfraquecimento do sistema escravocrata depois de 1850. Durante este período, a Inglaterra, como o fizera anteriormente, agiu com menosprezo pelos direitos nacionais brasileiros; posteriormente foi parodiada pelos abolicionistas brasileiros. Uma ambigüidade adicional, anotada no Cap. 5, é aquela dos brasileiros que acreditavam sinceramente que o interesse nacional brasileiro consistia em procurar abrigo no sistema britânico de dominação econômica.

Finalmente, levantamos a questão, sem tentar uma resposta: Que aconteceu com os amplos sonhos dos abolicionistas de transformação da sociedade? No Cap. 8 assinalo que a reforma agrária era parte deste sonho, como foi o sonho de muitos reformadores a partir de então. Mas a criação de um sistema republicano pôs fim a este sonho dos reformadores do século XIX como outros golpes de estado puseram fim a outros sonhos.

1. A ESCRAVATURA BRASILEIRA REEXAMINADA*

No presente ensaio introduzi os norte-americanos não familiarizados com a historiografia brasileira nas inteligentes interpretações da escravatura brasileira, desenvolvidas por Florestan Fernandes, Octávio Ianni, Fernando Henrique Cardoso, Emília Viotti da Costa e Paula Beiguelman. Embora se tratasse de um exame crítico de sua obra, foi também um esforço para estabelecer uma referência de

---

* Este trabalho foi publicado pela primeira vez sob o título Brazilian Slavery Re-Examined: a Review Article, *Journal of History*, v. III, nº 4 (verão, 1970), pp. 431-53.

nível, registrando o estado da questão neste ponto, e indi-
cando alguma pesquisa ulterior a ser empreendida. Este
ensaio foi escrito em 1967, e quando, nas primeiras pági-
nas, falo do presente, refiro-me à primeira metade da
década.

A escravatura desperta grande interesse nos historiadores norte-americanos de nossos dias. O movimento dos
direitos civis e as subseqüentes exigências, por parte da
gente de cor, de alguma voz ativa nas estruturas do poder
dos Estados Unidos tiveram muito a ver, sem dúvida alguma, com a crescente atração exercida por este assunto.

É também em razão das hodiernas tensões sociais e
das atuais controvérsias que os brasileiros se interessaram
cada vez mais por sua própria história da escravatura e
da abolição. A convicção de que a revolução social é uma
realidade com a qual o Brasil deve se defrontar atraiu a
atenção mais das classes baixas, a maior parte das quais é
constituída por gente de cor, do que daqueles que atualmente detêm o poder. As evidentes injustiças sociais em
contínuo crescimento e os rígidos compartimentos classis-
tas do país também encontram um eco do passado no sistema escravagista, como, finalmente, as hodiernas exigências de mudança social se assemelham, sob certos aspectos,
aos esforços dos abolicionistas do século XIX.

Por exemplo, o aparecimento, durante os anos de
1950 e 1960, da reforma agrária como um vibrante problema nacional, bem pode ter encorajado o estudo daquela
antiga "reforma básica", a abolição da escravatura. Tanto
na campanha abolicionista como naquela em favor da
reforma agrária, as mudanças estruturais e o desenvolvimento constituíam os objetivos últimos ao menos de
alguns. Em ambos os casos, os estudantes tomaram parte
ativa, levando a questão para a primeira linha. Quando os
debates tomaram impulso, a sociedade repentinamente
ficou polarizada: os partidos políticos dividiram-se, como
também as famílias e as comunidades locais, porque já não
era mais possível permanecerem neutros. Em ambos os casos, aqueles que se opunham à mudança salientaram, antes
de mais nada, o "direito à propriedade". Os senhores de escravos, como os latifundiários de hoje, insistiam em que os
deserdados eram realmente felizes até serem agitados por
demagogos inescrupulosos. Então, como agora, acusava-se
o próprio governo de participar em atividade subversiva.

14

Os conservadores pelo menos ofereciam alternativas: primeiro, tributação progressiva; depois, compensação em dinheiro; finalmente, no caso da escravatura, compensação em obrigações. Mas a escravatura foi abolida sem compensação, e em breve poderá ser muito tarde para uma reforma agrária gradual. Em última análise, o maior problema foi, então e agora, mobilizar os próprios beneficiários potenciais; no século XIX, o resultado desta dificuldade foi que os frutos da vitória foram colhidos por outros. Pode acontecer outra vez a mesma coisa.

Independentemente de este paralelismo ter sido ou não um fator que chamou a atenção para a abolição, o estudo da escravatura foi conscientemente usado para ajudar a esmagar a visão oficial da realidade brasileira. As "mistificações" que caracterizam velhos historiadores do Brasil constituem alvo constante dos novos autores. "Brasil, a terra da harmonia racial"; não será esta frase um meio para encobrir profundas divisões raciais no país? Uma historiadora insiste agora em que

a idealização da escravatura, a idéia romântica da suavidade e brandura da escravatura do Brasil, a descrição do escravo leal e do senhor benevolente, amigo do escravo – interpretações que acabaram prevalecendo em nossa literatura e em nossa história – foram alguns dos mitos forjados por uma sociedade escrava para defender um sistema considerado essencial[1].

E que dizer da "democracia gaúcha" que se supõe ter aparado as ásperas saliências da escravatura do Sul do Brasil? Não se trata, porventura, de um *slogan* para encobrir a violência, as iniqüidades, as normas rígidas de domínio-subordinação que ainda caracterizam a vida nessa região? Um escritor moderno sustenta que o mito da camaradagem no rancho entre senhor e escravo têve um papel importante na elaboração da visão que o branco tinha do negro, tendente a "glorificar o senhor branco, tão magnânimo para com o negro" e, ao mesmo tempo, a dar a entender que os pretos eram *"de fato* não precisamente inferiores *sob o ponto de vista social"* visto que todos os castigos infligidos aos escravos eram apenas os merecidos[2].

1. EMÍLIA VIOTTI DA COSTA, *Da Senzala à Colônia*, Corpo e Alma do Brasil, nº 19 (São Paulo, 1966), p. 280.
2. FERNANDO HENRIQUE CARDOSO, *Capitalismo e Escravidão no Brasil meridional: O Negro na Sociedade Escravo-*

O centro destas novas investigações sobre a escravatura no Brasil foi a Universidade de São Paulo. Tem sido, sem contestação, a Universidade mais importante nesse país e uma das mais importantes da América Latina; trata-se de uma universidade ainda bastante nova, criada somente na década de 1930. Uma das razões de se ter estruturado tão rapidamente é a cálida atmosfera que a envolveu durante seus primeiros anos, quando os ritmos naturais de luz e escuridão que habitualmente marcam o crescimento institucional foram substituídos pela presença constante de jovens professores franceses, radiantes e entusiasmados, entre o corpo docente. Entre estes franceses que ensinaram na universidade estiveram o sociólogo Roger Bastide e o historiador Émile-Guillaume Leonard.

Bastide encorajou a criação de um vigoroso e ambicioso departamento de sociologia e participou no adestramento de muitos alunos, entre os quais Florestan Fernandes. O interesse de Bastide pela psicologia social e pela sociologia da religião levou-o a um exame das sobrevivências religiosas da cultura africana no Brasil[3]. Isso inspirou o estudo das atitudes raciais na cidade de São Paulo. Em 1951, juntou-se a seu ex-aluno, Fernandes, para propor um programa de pesquisa a ser levado a cabo sob os auspícios oficiais da Universidade de São Paulo. Muito antes que esta proposta fosse realizada, os diretores de um projeto da UNESCO para estudar aspectos comparativos de relações raciais convidaram Bastide e outros peritos a empreender estudos em vários centros no Brasil. Com o financiamento assim assegurado, o projeto começou a ser executado. Era necessária uma pesquisa sobre o fundo histórico das relações sociais da cidade de São Paulo, e visto que até então os historiadores pouco tinham feito nesse campo, os sociólogos deviam fazer isso. Fernandes foi incumbido de levar a cabo esta tarefa. Os resultados desta investigação foram apresentados numa série de artigos durante o ano de 1953 e foram publicados em forma de livro dois anos mais tarde[4]. Em 1959, apareceu uma edição revisada;

crata do *Rio Grande do Sul*, Corpo e Alma do Brasil, nº 8 (São Paulo, 1962), p. 125.

3. *E.g.*, ROGER BASTIDE, *Les Religions Africains au Brésil: Vers une Sociologie des Interpénétrations de Civilisations* (Paris, 1960).

4. BASTIDE e FERNANDES, Relações Raciais entre Negros e Brancos em São Paulo, *Anhembi* 10 (1953) 433-90, 11 (1953)

os capítulos históricos de Fernandes estão entre as obras passadas em revista neste artigo[5].

Fernandes, enquanto isso, procedia à organização de seu próprio quadro de "estudantes graduados" e os punha a trabalhar em amplos estudos sobre relações raciais em várias áreas, dedicando atenção especial aos aspectos históricos. Parece que somente dois destes estudos foram concluídos; um deles da autoria de Octávio Ianni, que fez sua pesquisa no Estado do Paraná, e o outro de Fernando Henrique Cardoso, que estudou a escravatura no Estado do Rio Grande do Sul[6].

Entrementes, os estudos históricos na Universidade de São Paulo também progrediram rapidamente. Inspirados por professores franceses, jovens como Eurípedes Simões de Paula começaram a assumir a liderança nacional na profissão. Uma metodologia histórica rigorosa contrastava de maneira gritante com o descuidado amadorismo da maior parte daqueles que até então cultivaram o campo histórico. Agora passaram a fazer o exame crítico das fontes e usar com cuidado as obras contemporâneas e os materiais manuscritos. Mas tudo isso não chegou a obscurecer a tarefa mais ampla do historiador de interpretar o passado como também de registrá-lo. Prova deste espírito foi a nomeação de Sérgio Buarque de Holanda para este departamento, apesar das influências não estritamente acadêmico-históricas que recebeu, embora amplamente européias; esta ação refletia antes o alto conceito em que eram tidas suas *Raízes do Brasil* (1936) como um exame reflexivo das raízes do caráter nacional brasileiro[7]. Não que Holanda estivesse menos preocupado com as fontes "originais" do que seus

---

14-69, 242-77, 434-67, 13 (1953) 39-71, e *Relações entre Negros e Brancos em São Paulo* (São Paulo, 1955).

5. *Brancos e Negros em São Paulo* (São Paulo, 1959). O estudo subseqüente e mais detalhado de Fernandes sobre o processo através do qual o negro brasileiro entrou numa classe social é acessível em inglês: *The Negro in Brazilian Society* (Nova York, 1969).

6. IANNI, *As Metamorfoses do Escravo: Apogeu e Crise da Escravatura no Brasil Meridional*, Corpo e Alma do Brasil, nº 7 (São Paulo, 1962), e CARDOSO, *op. cit.*; ver também CARDOSO e IANNI, *Cor e Mobilidade Social em Florianópolis; Aspectos das Relações entre Negros e Brancos numa Comunidade do Brasil Meridional*, Brasiliana, nº 307 (São Paulo, 1960). Consta que um estudo sobre Minas Gerais foi empreendido mas não publicado.

7. *Documentos Brasileiros*, nº 1 (Rio de Janeiro, 1936).

novos colegas, mas sua contribuição específica era ver a floresta *e* as árvores.

O resultado desta combinação foi o adestramento de muitos historiadores vigorosos e imaginosos que isolaram para investigação importantes problemas na história social e econômica brasileira. Emília Viotti da Costa é um dos frutos do departamento; seu estudo sobre a desesperada procura de uma adequada força de trabalho pelos fazendeiros de café do século XIX e o que significou este esforço para a escravatura e a abolição é uma das obras mais importantes que despontam na Universidade de São Paulo. Sua tese, que inicialmente apareceu em foto-*offset* em 1964, foi depois publicada em forma de livro[8]. E não está fora de lugar unir seu nome ao de Fernandes, Ianni e Cardoso, visto que a influência deles sobre sua obra é óbvia.

Esta atmosfera efervescente na Universidade de São Paulo provocou naturalmente vivas controvérsias. A cientista política Paula Beiguelman, uma estudiosa da estrutura política no século XIX e um pouco teórica política, dirigiu sua atenção para a questão da escravatura e sua abolição e efetivamente questionou muitas das premissas básicas subjacentes à obra destes outros escritores[9]. Embora suas contribuições positivas sejam menos impressionantes, seu trabalho exige atenção em qualquer exame de obra atual sobre a escravatura que está sendo levada a cabo na Universidade de São Paulo.

Dentre as obras aqui passadas em revista, as melhores são as de Costa e Cardoso. A última parte do estudo de Costa é o exame mais minucioso da escravatura e abolição em São Paulo ainda por aparecer, e será a partir dele que mais tarde surgirão estudos mais detalhados. É bem escrito e trata o tema com seriedade. O livro de Cardoso é escrito quase com a mesma preocupação metodológica daquele de Costa mas é mais afoito, mais imaginoso e com orientação mais teórica. É também mais artístico em sua construção,

---

8. A tese é *Escravidão nas Áreas Cafeeiras: Aspectos Econômicos, Sociais e Ideológicos da Desagregação do Sistema Escravista*, 3 vols. (São Paulo, 1964); subseqüentes referências a Costa são de seu livro, *Da Senzala*, nota 1, p. 15.

9. *Formação Política do Brasil*, vol. 1: *Teoria e Ação no Pensamento Abolicionista*; vol. 2: *Contribuição à Teoria da Organização Política Brasileira* (São Paulo, 1967).

uma vez que o livro de Costa deixa o leitor com a sensação de que há necessidade de mais um ou dois capítulos sobre a imigração posterior para completar seu exame da tentativa de resolver a escassez de mão-de-obra. O livro de Cardoso é também mais sensível às forças de desumanização encobertas — além daquelas manifestas — em ação na sociedade escravocrata. De outro lado, Costa tem consciência mais nítida das ambigüidades da experiência humana e do perigo, por exemplo, de fáceis suposições quanto a consistência ou fixa congruência entre posição de classe e ponto de vista.

Menos satisfatórios mas ainda assim importantes são os estudos de Beiguelman e Fernandes. A obra de Beiguelman tem uma construção curiosa: o segundo volume consiste em 181 proposições ou teses apresentadas à maneira tomista e ininteligíveis sem o uso da narrativa contida no primeiro volume. Contudo, o estilo de Fernandes é o mais opaco de todos, e somente com persistência e paciência é possível, finalmente, chegar à compreensão e apreciação. Começa com uma seqüência de investigações relativas a uma crucial instituição no passado brasileiro e apresenta uma constelação de idéias referentes a isso e que ainda não foram postas de lado.

Sob o ponto de vista metodológico, as obras representam um grande progresso. A abordagem de Fernandes tende a dar a mesma importância a fontes de valor muito diferente. Num país em que as obras históricas não foram cuidadosamente elaboradas a partir de fontes "primárias" de acordo com os melhores padrões do uso histórico, há sérios perigos na prática do emprego indiscriminado de obras "secundárias". Provavelmente um dos mais influentes historiadores brasileiros foi Caio Prado Júnior. Respeito sua visão ampla, sua habilidade em captar as principais tendências da história brasileira, e especialmente sua fina sensibilidade com relação à importância dos fatores econômicos na formação de toda a superestrutura da sociedade brasileira em suas várias fases históricas. Mas quando sua obra é usada para apoiar asserções dogmáticas sobre a natureza e significado da escravatura em determinados momentos do passado brasileiro, há lugar para alguma hesitação. De outro lado, a própria ausência de grande produção historiográfica pode forçar o sociólogo-historiador a dirigir-se diretamente aos arquivos, à procura de matéria-prima bruta.

Ianni fez isso com menos sucesso do que Cardoso, e freqüentemente foi obrigado a concluir pela insuficiência de evidência com relação a determinadas áreas cruciais do assunto[10]. Cardoso, de outro lado, apresenta evidência convincente a partir dos próprios documentos originais que apóiam seu ponto de vista. Costa é a que mais impressiona em seu uso copioso dos arquivos do governo local, dos jornais, relatórios governamentais, debates legislativos, narrativas de viajantes e panfletos contemporâneos. Infelizmente às vezes ela é um tanto ambígua quanto à fonte específica de sua informação em pontos particulares.

Tanto Cardoso como Ianni, naturalmente, estão conscientes de quão incongruente pode parecer o estudo de áreas onde houve poucos escravos e tentam chegar a uma compreensão da escravatura brasileira como um todo (ver, por exemplo, o quadro 1)[11].

QUADRO 1. POPULAÇÃO DOS ESCRAVOS NO BRASIL
NO COMEÇO DA DÉCADA DE 1870

Estado ou Província	Número de Escravos
Rio de Janeiro	304.744
Minas Gerais	235.115
Bahia	173.639
São Paulo	169.964
Pernambuco	92.855
Rio Grande do Sul	69.366
Paraná	10.560

Ianni, com efeito, insiste muito no fato de que, embora a escravatura nunca tenha chegado a "dominar a totalidade do sistema produtivo", não obstante, era tão "importante" no Paraná quanto em outras áreas[12]. Inicialmente, lembra que o número relativo de escravos era grande, embora fosse pequeno em números absolutos. Mas a proporção de escravos para o total da população do Paraná, escassamente habitado, era ainda somente cerca da metade daquela encon-

10. P. 40.

11. COSTA, p. 399, e IANNI, p. 118. Bahia e Pernambuco foram as velhas áreas canavieiras onde o sistema escravista chegou a seu auge nos tempos coloniais. Observem-se as críticas ásperas dirigidas a IANNI e CARDOSO em BEIGUELMAN, 2: 16-17.

12. Pp. 8, 9.

trada no resto do Brasil, e no centro urbano de Curitiba realmente não chegava a um terço[13]. A certa altura, Ianni lembra que são precisamente as diferenças entre o Paraná e o resto do Brasil que justificam seu estudo, mas dos dados tira muito poucos pontos de comparação[14]. Finalmente, demonstra de maneira um pouco mais convincente que o sistema escravagista deixou a marca indelével em toda a sociedade, independentemente do número ou da proporção dos escravos:

> O regime escravagista foi uma instituição básica para a qual sempre tendeu a utilização da mão-de-obra.

Além disso,

> o sistema de trabalho que produziu o escravo na região cana-vieira, na área de mineração e nas zonas cafeeiras era o mesmo que se espalhou e se tornou dominante, embora modificado, na economia baseada na criação de gado e na produção do mate. [Assim] é possível compreender não somente a sociedade de escravos negros de Curitiba, mas também a natureza na escravatura no Brasil[15].

Cardoso também está consciente de que sua área de estudo provoca ceticismo. Da mesma forma que Ianni, afirma que as possibilidades comparativas o atraíram, mas faz muito pouco para explorá-las. De qualquer forma, encontra-se em terreno mais seguro quando trata da importância da escravatura na economia e na sociedade daquela área, tanto com relação aos números quanto com relação aos efeitos na qualidade essencial da vida regional.

Fernandes, Ianni e Cardoso estão muito interessados em questões de teoria social — estruturalismo, funcionalismo e materialismo dialético — e seu conhecimento de Weber, Mannheim, Durkheim e Parsons, sem mencionar Marx, é manifesto. Mas não é a estes aspectos de suas obras que pretendo dar atenção. A teoria, para ser segura, define sua visão histórica, mas é claro que, como o próprio Cardoso assinala, é possível passar por alto as complexas exposições teóricas e ainda tirar enorme proveito da discussão histórica em si[16].

13. Pp. 10, 127; ver também pp. 87, 90, 120. Ianni estuda especificamente a região de Curitiba, mas não indica seus limites e até que ponto pode ser considerada coincidente com o Paraná, que foi criado como Província separada de São Paulo em 1854.

14. P. 10.

15. Pp. 44, 270, 272; ver também pp. 10, 65, 75-76.

16. Pp. 9-10.

Mas há outra dimensão de sua obra que deve ser tratada por extenso antes de nos voltarmos para a questão referente à maneira pela qual os escravos foram tratados no Brasil. O estudo da escravatura é algo excitante não só em razão de seus atuais paralelismos e de sua função desmistificadora, como se observou atrás, mas também porque, como uma característica fundamental do fundo sócio-econômico, pode servir como uma cunha penetrante para a compreensão da ampla realidade brasileira. O estado da historiografia brasileira é tal que o conhecimento que se teve até recentemente quanto ao passado brasileiro foi superficial, claramente formal, e profundamente insatisfatório. É praticamente impossível compreender até mesmo pequenos segmentos de sua história sem que a própria pessoa antes construa, e sem muita ajuda de outros estudos, uma estrutura geral onde eles possam ser encaixados. O fundamental, aqui, não é somente o fato de que a história econômica e social geral que estes autores — particularmente Costa e Cardoso — escreveram é uma importante contribuição para a historiografia de certas regiões. Mas também o fato de que em torno da escravatura gravitam algumas das mais importantes questões referentes ao significado do passado brasileiro e à explanação da atual condição. O país está emergindo exatamente agora de um passado feudal ou está se aproximando de uma revolução proletária? Quais são as raízes históricas da injustiça social? Por que as relações são hoje tão carregadas de violência encoberta? De onde provêm os valores dos brasileiros? O que significa ser brasileiro? E qual é o futuro do Brasil?

Estas obras são mais importantes por aquilo que dizem sobre estas questões. Antes de mais nada, dado que o feudalismo-capitalismo já estavam postos de lado como uma estrutura conceitual inapropriada para entender o Brasil, devia haver algum outro meio de esquematizar as diferenças reais que separam o velho regime da realidade subseqüente. As forças que levaram a pôr um termo à escravatura, por exemplo, eram essencialmente capitalistas, urbanas, empresariais. O que era feito, então, do sistema econômico e social preexistente?

O que atrai a atenção tanto de Florestan Fernandes como de Emília Viotti da Costa é a economia de São Paulo orientada para a exportação, com sua concentração na produção de mercadorias primárias, e cunharam a expressão "economia colonial" para descrever o velho regime. Fernandes assinala que quando São Paulo deixou de se preocupar com sua função de centro de economia secundária – provendo as regiões das Minas Gerais de gêneros alimentícios – e se concentrou na produção de café, emergiu aí "a estrutura de um novo universo social"[17]. Costa dá a entender que a situação colonial típica na qual a presença de recursos aproveitáveis se combina com um potencial humano relativamente escasso, leva inevitavelmente à escravatura ou semi-escravatura. Naturalmente a condição política de colônia ou não pouco tem a ver com a natureza real· deste sistema; o importante era sua base rural, tropical, latifundiária, monocultural e orientada para a exportação[18].

Nenhum desses autores deu-se conta da dificuldade desta interpretação quando é invertida: se a escravatura era o resultado de uma economia colonial, como se explica que a economia colonial persista até hoje, ao passo que a escravidão acabou no século XIX? Ou como se explica que a Inglaterra tenha assumido uma posição de liderança quando se tratou de forçar o fim do tráfico negreiro sendo ela a principal potência colonial? Costa contorna esta última questão com fáceis alusões às "contradições" da política britânica à la Eric Williams[19]. Com relação à primeira pergunta, lembra que o problema é de grau e que, quando a ameaça para a economia colonial chegava a certo ponto, a escravatura era quase que a primeira de suas instituições a desaparecer.

É claro que Cardoso e Ianni estão menos satisfeitos com o termo "colonial" como um expediente para caracterizar o velho regime, visto que as economias das áreas de que tratam são claramente secundárias com relação à economia de exportação durante a maior parte do período estudado. Não evitam o termo, mas usam-no moderadamente e não são claros em estabelecer se a condição colonial do Rio Grande do Sul e do Paraná deriva da posição colonial geral do Brasil ou do relacionamento colonial entre estas áreas particulares e o centro São Paulo-Rio de Janeiro[20]

17. BASTIDE e FERNANDES, *Brancos e Negros*, p. 23.
18. Pp. 11, 28, 71, 456, 457.
19. P. 12.
20. CARDOSO, p. 81, e IANNI, pp. 83, 211.

Ianni também levanta uma questão que poderia ser aplicável igualmente à região cafeeira de São Paulo. O sistema de produção do mate — que se tornou a principal fonte de riqueza do Paraná durante o século XIX — não era uma "economia colonial no sentido estrito" porque não estava "ligado às fontes de capital estrangeiro para o país ou região" mas antes ao capital levantado no próprio lugar ou em razão de mudanças de outras formas de produção (criação de gado) ou das reaplicações dos lucros provenientes da produção do mate por proprietários que aí residiam. Assim, na economia do mate "uma parte dos lucros permaneciam na área" e podiam ser investidos no desenvolvimento ulterior da produção de mate ou em outras atividades tais como a exploração madeireira, estabelecimentos comerciais ou até manufatureiros[21]. Assim a expressão "economia colonial" mostra-se insatisfatória, e a escravatura é ainda deixada sem uma satisfatória matriz conceitual.

Assim Ianni prefere caracterizar o sistema como uma "escravocracia". Segundo seu modo de ver "a maneira pela qual o trabalho se cristaliza num produto de valor através de certo tipo de ligação com os meios de produção define o sistema escravocrata como uma forma particular de sistema econômico, dando início a uma configuração histórico-social". O sistema escravocrata como qualquer sistema econômico tende inevitavelmente a expandir e absorver toda a sociedade e a "definir totalmente o sistema econômico e sócio-cultural como escravocrático"[22]. Aí está a distinção básica entre o sistema escravagista e um trabalho livre: a especificidade do próprio trabalho; no sistema escravagista, trabalho e homem constituem uma só coisa, ao passo que no outro o trabalho é uma mercadoria separável do homem. No sistema escravagista o homem aliena não somente seu trabalho mas também seu corpo[23]. Desta forma, "escravocracia" chega a situar-se fora do campo polar implantado pelo "feudalismo" e "capitalismo", e torna-se ou o antônimo de capitalismo ou uma formulação que permanece frustradoramente implícita,

21. P. 111.
22. Pp. 80, 132.
23. P. 129. Na medida em que Ianni se ocupa das causas da dependência da escravidão, parece preferir uma espécie de "tese de fronteira" na qual a disponibilidade de terra e a escassez de trabalho tornaram o trabalho livre pouco prático, pp. 36, 81-82, 191.

uma forma de capitalismo distinta do capitalismo e que antecede o capitalismo baseado no trabalho livre.

É sintomático que nenhum destes trabalhos tenha dado muita atenção ao apogeu do sistema escravocrata. Todos escolheram áreas nas quais a escravatura estava bem longe de seus começos. Como nota inicialmente Fernandes, a expansão da agricultura de exportação em São Paulo coincidiu com o colapso do sistema escravocrata[24]. A área de mais longo domínio escravo foi, evidentemente, aquela da cana-de-açúcar do Nordeste, que não é estudada por estes escritores nem por outros em sua sofisticação. Aí, uma mentalidade inicialmente capitalista não encontrou contradições no sistema escravocrata, nem o desenvolvimento daquela economia produziu aquelas contradições[25]. É claro que a explicação deve ser procurada nas configurações da economia e sociedade internacionais, mas isso viria sugerir que são estas forças e não as internas — que todos estes autores enfatizam — que basicamente explicam o declínio do sistema escravocrata.

Este declínio é o segundo desafio conceitual importante a ser enfrentado. Não há palavra-chave que se repita com mais freqüência nestas obras do que *desagregação* do sistema escravocrata. Subjacente a todas estas palavras — com exceção de Beiguelman, é claro — está a convicção de que a escravatura terminou não em virtude de forças políticas ou razões humanitárias mas porque seu próprio desenvolvimento manifestou suas insuficiências. Ainda se dá atenção ao movimento abolicionista, mas empresta-se-lhe novo significado[26].

Fernandes inicialmente aponta para o fim do tráfico de escravos em 1850, combinado com a elevada mortalidade de escravos, para dar a entender que o principal

---

24. BASTIDE e FERNANDES, *Brancos e Negros*, p. 38. Um breve estudo da escravatura na economia canavieira de São Paulo no início do século XIX aparece em MARIA THEREZA SCHORER PETRONE, *A Lavoura Canavieira em São Paulo: Expansão e Declínio (1765-1861)*, Corpo e Alma do Brasil, n⁰ 21 (São Paulo, 1968), pp. 110-28.

25. EUGENE GENOVESE, *The World the Slaveholders Made* (Nova York, 1969), demonstra que, ao contrário, o Nordeste brasileiro era uma sociedade híbrida de elementos feudais e escravocratas.

26. Ver a discussão sobre a abolição em IANNI, pp. 207-32, CARDOSO, pp. 236-68, e COSTA, pp. 331-455.

problema era a insuficiência numérica. A manutenção do sistema escravocrata exigia suficiente número de escravos recentemente importados para compensar a morte daquéles idosos e para dar conta das necessidades de trabalho de uma economia em expansão — uma expansão que se tornou possível pelo próprio trabalho escravo —, uma quantidade adicional de escravos de modo que alguns pudessem ser livres para realizar tarefas para as quais os escravos não eram as pessoas apropriadas. Porque, à medida que a economia crescia, tornava-se mais diversificada e havia crescente necessidade de artesãos e outros trabalhadores sobre os quais a supervisão constante era impraticável[27]

Nesta formulação encontram-se, embrionariamente, os pontos básicos elaborados pelos outros escritores deste grupo. O último, entretanto, dá muito menos ênfase aos aspectos numéricos. Ianni apresenta a questão da seguinte maneira:

a construção ou restauração do sistema escravocrata leva sempre ao estabelecimento ou desenvolvimento de instituições pré-capitalistas; de qualquer forma, chega o tempo em que o próprio sistema capitalista no qual os sistemas escravocratas coloniais estavam engastados não suporta por muito tempo esta coexistência. Então, aquilo que havia sido essencial no processo de acumulação capitalista transforma-se num impedimento para a expansão ulterior deste sistema. Esta é a razão por que o capitalismo, agindo tanto interna como externamente, destrói a escravatura.

Cardoso é mais sucinto:

Enquanto a escravidão tornava possível a expansão econômica no primeiro estágio quando o trabalho era escasso, agia depois como um obstáculo à generalização do sistema mercantil de produção capitalista,

um sistema que depende da separação entre trabalho e trabalhador[28].

Este último ponto é central: o crescimento contínuo da economia depende, segundo se diz, da supressão da escravatura. Cardoso assinala que o empregador pode conseguir mais trabalho do trabalhador livre do que o

27. BASTIDE e FERNANDES, *Brancos e Negros*, pp. 131-32.

28. IANNI, p. 94, e CARDOSO, p. 168; ver também CARDOSO, pp. 310-11.

senhor com relação ao escravo. Em todo caso, diz-se que a escravatura foi um obstáculo à divisão do trabalho e à especialização, porque quando o escravo especializado havia completado a tarefa para um senhor, não podia facilmente ser posto a trabalhar com outro. Assim, em lugar do trabalho anterior recebia outro encargo para o qual estava menos capacitado. Desta forma, "economizar mão-de-obra" num sistema escravo significa exatamente o contrário daquilo que significa num sistema de trabalho livre[29].

Ianni explica que o beneficiamento da erva-mate adotava energia hidráulica ou de vapor e para isso a escravatura era imprópria. Com o desenvolvimento da exportação do mate, a economia dependia sempre mais do aperfeiçoamento técnico e de uma mão-de-obra livre[30]. A necessidade de

> profissionalização do trabalhador no beneficiamento da erva-mate, [isto é] de um contador, de um carpinteiro, etc., ... é inconciliável com o necessário domínio para manter o trabalhador escravo[31].

Costa é um pouco mais específica ao descrever as mudanças nas exigências do trabalho da plantação do café, a partir mais ou menos da metade do século. Até aquela data, os fazendeiros precisavam de grande número de trabalhadores não qualificados durante o ano inteiro; estes podiam passar do desbravamento para o plantio, a monda, a colheita, o transporte e a limpeza, tudo sem especialização. Mas depois de 1850, e especialmente depois de 1870, o uso crescente de maquinaria e a melhoria dos métodos de transporte (especialmente a introdução das estradas de ferro) tornaram possível uma crescente especialização de trabalho e uma crescente produtividade. Isto significa que havia épocas em que eram necessários menos trabalhadores, mas estes deviam ser mais especializados[32]. Em resumo,

> transporte rápido, menos perdas na armazenagem e embarque, melhor qualidade — tudo isso significa aumento de produtividade, maiores possibilidades de racionalização da produção, a libe-

29. Pp. 190, 194, 197, 198.
30. Pp. 105, 106, 109.
31. P. 129.
32. Pp. 98-100, 181-82, 219.

ração de algum capital previamente retido, e a libertação do trabalho[33].

O custo sempre maior dos escravos em razão de sua escassez levou os fazendeiros na mesma direção. Então os fazendeiros começaram a "renunciar ao trabalho escravo visto que o sistema escravocrata se revelava insuficiente e tornava-se desagregador"[34]. O resultado final seria a abolição[35].

Beiguelman é cética com relação a esta abordagem. Em primeiro lugar, insiste num ponto que os outros autores nunca chegaram exatamente a negar: que a moderna escravatura é capitalista; assim não vê como a ascensão do capitalismo pode destruir a escravatura. Também examina mais de perto do que Costa a situação dos fazendeiros de café do Centro-Oeste de São Paulo e assinala que havia entre eles uma importante divisão. Pelo ano de 1880 alguns deles cultivavam terras virgens e por isso havia necessidade de grandes levas de imigrantes trabalhadores e a existência de escravatura era um obstáculo a isso. Mas os fazendeiros das velhas regiões daquela área (Campinas, Amparo ou Itu) ainda estavam interessados na manutenção do sistema escravocrata. Contudo estes são os homens habitualmente citados como "empresariais" em seus negócios, porque eram eles que investiam em estradas de ferro e na indústria e tomavam a iniciativa na mecanização de suas operações. Enquanto isso os latifundiários da velha área nordestina do Brasil, geralmente considerados carentes de espírito empresarial e certamente não alcançados pela expansão capitalista, uniam-se àqueles que exigiam a abolição. Beiguelman julga que esta tomada de posição se destinava a diminuir a importância política das áreas cafeeiras; o Nordeste já não tinha muitos escravos para libertar[36].

É evidente que a pretendida incompatibilidade entre escravatura e indústria requer mais pesquisa. A demonstração de Fernandes e outros tende a limitar-se à conclusão dedutiva que *deve* ter sido oneroso empregar escravos em lugar de trabalhadores livres. Em seguida citam-se as alegações dos abolicionistas com relação a isso. Final-

33. P. 199.
34. P. 296.
35. Pp. 275-76, 464.
36. 1: 1-35 e 2: 17.

mente, apresentam-se algumas declarações de uns poucos industriais que expressam aversão pelo trabalho escravo. Tira-se, em seguida, a conclusão geral de que a especialização da mão-de-obra exigida pela industrialização significa que a escravatura devia ser eliminada. Chega-se a esta conclusão apesar do fato, plenamente reconhecido, da preponderância da mão-de-obra escrava nas atividades industriais[37]. Uma compreensão do problema beneficiar-se-ia, sem dúvida, de uma abordagem comparativa, visto que a evidência já adquirida com a escravatura americana possivelmente poderia contradizer afirmações destes autores. Certamente, a vantagem da escravatura na lavoura parece que ficou comprovada no caso americano.

Costa não dá tanta importância aos industriais quanto Ianni e Cardoso, mas indica de preferência o complexo total dos grupos urbanos. A ascensão de tais grupos, separados dos interesses rurais e influenciados pelas novas idéias, foi a força principal que pôs fim à escravatura. Estes grupos — compostos de professores, advogados, jornalistas, médicos, engenheiros, agentes de seguros, fabricantes, retalhistas, funcionários públicos, artesãos autônomos, cocheiros, ferroviários, tipógrafos, pedreiros e empreiteiros, alguns dos quais libertos e negros livres e mulatos — tinham em suas fileiras também imigrantes. E foram, diz ela, estes grupos urbanos não diretamente ligados ao sistema escravocrata que assumiram a liderança para pôr fim à escravatura[38]. Assim "o movimento abolicionista é essencialmente urbano"[39].

Eu mesmo havia enfatizado a importância do setor urbano num artigo publicado simultaneamente com o livro de Costa, antes de tomar conhecimento de sua obra[40] Nele sublinhei especialmente o papel dos grupos urbanos

37. COSTA, pp. 121, 145, 146, 181-82, 230, 231, e IANNI, p. 109.

38. Pp. 291, 296, 428, 434, 437, 462; ver também BASTIDE e FERNANDES, *Brancos e Negros*, pp. 43-45, 102, e IANNI, pp. 207-20. Ianni observa que o crescimento de Curitiba na segunda metade do século XIX levou ao aparecimento de "um novo tipo de personalidade e de maneiras urbanas de pensar, agir e sentir" (p. 137).

39. P. 433.

40. Causes for the Abolition of Negro Slavery in Brazil: An Interpretative Essay, *Hispanic American Historical Review* 46 (1966): 123-38.

em alimentar a luta de massa dos escravos que, por sua vez, forçou os fazendeiros a agarrarem-se à abolição como último recurso para garantir sua já bastante tênue influência sobre os trabalhadores rurais.

Paula Beiguelman criticou esta "tese urbana" argumentando que a conexão específica entre interesse econômico e opinião abolicionista não foi provada. Julga impossível passar por alto o fato de que os grupos urbanos estavam ligados aos latifundiários. Julga que foram propostas somente vagas pressuposições quanto à relação entre crenças políticas e estrutura econômica para preencher os muitos hiatos entre interesse, idéias e ação. Esta concatenação causal, lembra ela acertadamente, revela muitos elos fracos[41]. Realmente, dei ênfase ao grau até onde a escravatura era considerada um obstáculo ao "progresso", e Cardoso sublinha o mesmo ponto[42]. Mas a crítica ainda não está refutada. Não podem ser tiradas conclusões defensáveis enquanto não se fizerem estudos específicos sobre os abolicionistas e suas "ligações".

De outro lado, a explicação da própria Beiguelman parece limitada e superficial. De acordo com essa explicação, a escravatura não era mais do que um instrumento empregado pelo Imperador D. Pedro II tanto para manipular a elite rural como para manter-se no poder incontestado. A manutenção do sistema bipartidário no qual os latifundiários estavam divididos servia perfeitamente a seu objetivo; enquanto os partidos disputavam o favor imperial, levantavam problemas que desacreditavam seus oponentes, aparentemente sem levar em consideração que estavam contrariando seus próprios interesses. Efetivamente, o imperador se arranjava primeiro com um partido e depois com o outro, oferecendo-lhes o poder em troca de concessões, neste caso um constante enfraquecimento da instituição escravocrata. Finalmente, os abolicionistas apressaram o momento da crise e forçaram a Coroa a servir de intermediária na solução do problema. Não foram interesses econômicos, nem individuais nem de classe, que fizeram com que os abolicionistas se tornassem tais, mas antes a oportunidade política e a probabilidade de aumentar seu poder[43].

41. 2: 17 e *passim*.

42. CARDOSO, p. 187; também FERNANDES, p. 133, e COSTA, p. 366.

43. *Passim*, esp. 1: 95-96, 115, 124, 141, 185, e 2: 32, 41ff.

Se são estas questões mais amplas as mais interessantes no contexto da literatura histórica brasileira, é o tratamento dos escravos que atrai o interesse do historiador comparativo. E, sob este aspecto, as obras que estou passando em revista se empenham muito em corrigir impressões errôneas com relação à instituição brasileira. Gilberto Freyre deve ter alguma responsabilidade por estas impressões errôneas, mas não toda. Com efeito, uma releitura de sua obra-mestra, *Casa Grande & Senzala*, dificilmente encorajará a visão de que a vida do escravo no Brasil foi sempre um mar de rosas[44]. Mesmo as relações sexuais entre senhor e escravo, às quais dá tanta atenção — e às quais seus leitores talvez tenham dado ainda mais atenção — evidentemente reflete um relacionamento basicamente desumano entre senhores e escravos. E o autor está consciente disso; em última análise, a questão mais importante levantada por Freyre é esta: o que envenenou a herança brasileira não foi o negro nem a miscigenação mas a escravatura. De outro lado, propõe muitas asserções comparativas segundo as quais a sorte do escravo no Brasil era muito melhor do que aquela em outras partes do globo. Esta tese foi recebida sem crítica por alguns escritores norte-americanos e passou a fazer parte da literatura. Infelizmente, ainda ninguém tratou da escravatura no Nordeste, durante a época colonial, com a mesma profundidade metodológica ou a mesma precisão teorética que os escritores de São Paulo empregaram ao tratar dos sistemas escravocratas no século XIX nos Estados de São Paulo, Paraná e Rio Grande do Sul. Mas suspeito que quando isso for realizado, a escravatura nordestina mostrará ter sido realmente muito dura.

É especialmente surpreendente a maneira como se difundiu nos Estados Unidos o mito da benevolente escravatura brasileira, em vista da viabilidade de uma apreciação completa e inteligente, redigida em inglês há mais de dez anos, sobre a escravatura no século XIX no Estado do Rio de Janeiro. Estou falando do estudo pioneiro de uma região cafeeira publicado em 1957, da autoria de Stanley J. Stein[45]. Ele dedicou muita atenção à qualidade da vida escrava, e o leitor só pode concluir que o tratamento do escravo no Brasil era impiedoso e cruel, privado de condescendências e carente de qualquer traço de humanidade.

44. (Nova York, 1946).

45. *Vassouras, A Brazilian Coffee County: 1850-1900*, Harvard Historical Studies, n. 69 (Cambridge, Mass.).

Nem os direitos legais dos escravos no Brasil contradizem esta conclusão. O primeiro ponto que ocorre àquele que está familiarizado com a cultura latino-americana é que as leis aí não têm a mesma importância que podem ter em outra parte ao indicar a prática real. As leis aí são concebidas como declarações de ideais. Com freqüência, os latino-americanos condenam a tendência anglo-saxã a evitar a aprovação de uma lei simplesmente porque não pode ser imposta: "não pode ser imposta mas ainda é justa", dizem eles. Segundo, visto que o escravo não pode apresentar queixa em seu próprio favor, todas as medidas para sua proteção tornam-se derrisão. Esta situação só se modificou quando um movimento abolicionista — desejoso de desacreditar a escravatura — se preocupou em expor as violações da lei. Terceiro, as proteções legais do escravo no Brasil foram mínimas e muito tardiamente sancionadas. Ainda não apareceu um exame abrangente da situação legal dos escravos e será cheio de dificuldade visto que os portugueses, com característico bom senso, nunca encontraram tempo para codificar as leis referentes aos escravos. Em vez disso, havia uma multidão de editos reais, decretos municipais, precedentes judiciais, decisões administrativas e regulamentações aplicáveis regionalmente, alguns deles eram aparentemente contraditórios e dos quais nunca se fez uma coleção sistemática[46]. Além disso, a maior parte das disposições legais que habitualmente são citadas para demonstrar como o escravo era protegido aparentemente não se encontravam em livro algum até pouco tempo antes do fim da era escrava[47].

Se não fosse em razão dos mitos sobre a situação legal dos escravos no Brasil, não haveria necessidade de que os escritores de São Paulo insistissem tanto naquilo que é óbvio: o escravo não era um cidadão, e era-lhe negado o direito de carregar armas, de arrendar ou possuir propriedades, de vestir certas roupas, andar de bonde, ficar fora de casa à noite, reunir-se, e ter todas as pequenas liber-

46. Apesar da obra de AGOSTINHO MARQUES PERDIGÃO MALHEIRO, *A Escravidão no Brasil: Ensaio Histórico-Jurídico-Social* (Rio de Janeiro, 1866).

47. COSTA, p. 284; IANNI, p. 143; BASTIDE e FERNANDES, *Brancos e Negros*, p. 89. Fernandes é um tanto contraditório na questão de saber se as leis eram ou não observadas; cf. p. 92 com p. 101.

dades que definem a vida de um homem livre. O mesmo crime seria punido mais asperamente no escravo do que nos outros. E os escravos fugitivos eram caçados impiedosamente[48].

No que se refere às condições físicas que cercavam a vida escrava, eram marcadas pela "coersão, repressão e violência"[49]. Os aposentos dos escravos eram virtualmente prisões nas quais os escravos eram simplesmente amontoados. Seu trabalho era o mais duro e degradante; os escravos eram usados-como animais de carga. As horas de trabalho eram extremamente longas. Nas fazendas de café os escravos eram vestidos miseravelmente apesar do frio que periodicamente caracteriza as serranias durante os três meses de inverno. Habitualmente providenciava-se apenas uma muda de roupa por ano. A alimentação dos escravos era inadequada às suas necessidades, e alguns fazendeiros alimentavam-nos com feijão uma vez ao dia, e nada mais. Cardoso descreve graficamente o doloroso trabalho que se exigia dos escravos nas charqueadas do Sul do Brasil. É claro que as condições de vida dos escravos-artesãos, que os observadores estrangeiros geralmente viam e descreviam, podiam ser muito diferentes. Mas o trabalhador rural era explorado duramente[50].

Os castigos dos escravos incluíam troncos, coleiras de metal com longos ganchos ou correntes, o gato de nove rabos, instrumento de tortura que comprimia o polegar dos supliciados (*thumbscrew*), algemas, esfera e corrente, a máscara de estanho e a prisão. Às vezes, os açoites eram aplicados propositalmente durante vários dias consecutivos para abrir as feridas e deixar cicatrizes profundas. Os senhores marcaram com ferro seus escravos durante boa parte do século XIX. A violência não teve fim. Em 1880, a imprensa relatou a morte de um escravo causada por açoites que expuseram os ossos da vítima e cortaram em pedaços seus órgãos genitais, enquanto se encontravam feridas anteriores nas pernas, cheias de varejeiras. No fim, a pressão abolicionista forçou o julgamento de alguns casos pelo tribunal, como por exemplo o caso de uma

48. IANNI, p. 143, 145-46; COSTA, p. 231, 232; e BASTIDE e FERNANDES, *Brancos e Negros*, p. 92.

49. BASTIDE e FERNANDES, *Brancos e Negros*, p. 109.

50. *Ibid.*, p. 89; IANNI, p. 77; COSTA, pp. 228, 229, 230, 242, 243, 246; e CARDOSO, pp. 146, 149n, 157.

33

menina escrava horrivelmente queimada com gordura fervente que lhe fora atirada por sua senhora. E foi somente depois de 1870, mais ou menos, que o preço dos escravos subiu de tal forma que encorajou um tratamento mais humano no interesse da produtividade[51].

As estatísticas demográficas referentes aos escravos às vezes podem ser enganadoras por várias razões. As estatísticas para o tempo e lugar são discutíveis. O declínio da população pode ser atribuído ao fato de serem importadas poucas escravas da África. Alguém pode também perguntar se o declínio da população escrava não se deve parcialmente à freqüente alforria privada, sem falar do efeito das leis emancipadoras de 1871 e 1885[52].

É evidente, contudo, que a mortalidade entre os escravos era muito elevada, e suspeito que eventualmente se possa concluir que era maior, mesmo se comparada com a mortalidade dos brasileiros brancos, do que foi nos Estados Unidos. Nas senzalas apinhadas, as doenças epidêmicas facilmente dizimavam a população escrava. O trabalho era imposto sem levar em consideração as condições atmosféricas; à insuficiência do vestuário e da alimentação, deve-se acrescentar a bebida alcoólica que minava a energia dos escravos; e, assim, era numa situação de fraqueza que deviam enfrentar as condições sanitárias, que por sua vez eram rudimentares para todas as classes. Partos de natimortos e abortos resultavam do trabalho excessivo da mulher grávida. As mulheres morriam no parto por falta de instrução adequada das parteiras. A taxa de mortalidade infantil seria inacreditável se não fosse comparada (como faz Costa) com os números de hoje no Nordeste. As mães não tinham leite para seus filhos porque se alimentavam mal e porque eram forçadas a voltar ao trabalho durante o período de amamentação. Alguns senhores de escravos conseguiam fazer chegar à idade adulta apenas a quarta parte dos escravos nascidos em suas propriedades. Um destes senhores de escravos disse mais tarde que na década de 1870 sua propriedade em escravos diminuía cerca de 5% ao ano (mais isso era devido, ao menos em parte, ao fato de ter ele apenas uma escrava para cada

51. COSTA, pp. 204, 274-75, 282, 286-90, 293, e IANNI, p. 145.

52. COSTA, pp. 10, 259, 267.

cinco escravos). Havia, além disso, o grande número de escravos que morriam ao chegar da África como resultado dos rigores da travessia[53].

O sistema era marcado por um círculo vicioso: a má conduta do escravo levava aos castigos violentos que, por sua vez, levavam a uma conduta ainda pior. Evidentemente, violentas reações de escravos em razão do tratamento que recebiam eram mais freqüentes no Brasil do que se tem julgado. Envenenamentos, homicídios, pequenas revoltas e fugas em massa eram características. Havia também suicídio. E parece que estas ações se tornaram mais freqüentes à medida que a abolição se aproximava[54].

Mas, mesmo que a condição física dos escravos fosse a melhor imaginável, o sistema ainda assim teria sido repelentemente desumano. Porque o escravo continuava um escravo, e "bons senhores" e "maus senhores" ainda continuavam todos senhores. Cardoso é particularmente eficiente em sugerir o impacto psicológico adverso da condição de escravo sobre uma personalidade escrava. O efeito de ser considerado uma coisa era devastador para seu autoconceito: o escravo "chegaria a pensar de si mesmo como de um não-homem"[55]. Assim a possibilidade de um escravo ver-se como agente social capaz de levar a cabo seus próprios intentos era continuamente corroída graças ao processo de "socialização" dentro do sistema escravocrata. Ele podia mesmo ser feito para não desejar a liberdade[56]. Ianni expressa isso de maneira bastante acadêmica quando define

a personalidade-*status* do escravo [como] um sistema de ações-e-expectativas organizado de acordo com um sistema de ações-e-expectativas do senhor que [assim] mantém os principais mecanismos de controle do comportamento do escravo[57].

Como seria difícil mais tarde para o liberto fugir desta escravidão psicológica![58]

53. COSTA, pp. 256-59.
54. IANNI, pp. 199-205; e COSTA, pp. 277, 293, 304, 309.
55. P. 155; ver também pp. 133, 138, 145, e BASTIDE e FERNANDES, *Brancos e Negros*, p. 104. É claro que ainda falta uma prova satisfatória de que este era o efeito psicológico interno da escravidão.
56. *Ibid.*, pp. 154, 155, 159, e IANNI p. 255.
57. P. 168.
58. P. 254.

O próprio paternalismo era desumanizante. Não era apenas um meio de controle, mas tendia a expor as contradições essenciais do sistema. Porque a humanidade do escravo emergia sempre que o senhor precisava do escravo para levar a cabo mais exigências, mais tarefas humanas, sempre que o escravo era observado no contato diário como um doméstico, sempre que o senhor se entregava a relações sexuais com a escrava chegando possivelmente a amá-la como ser humano, ou sempre que o senhor paternalista desenvolvia qualquer forma de relação humana com o escravo. Se os filhos dos senhores e dos escravos brincavam juntos, ou se a criança branca amava sua mucama, ou mesmo se brancos chegavam a participar das festas dos escravos e de seus ritos religiosos, estas coisas não diminuíam a desumanidade da escravidão, mas simplesmente tornavam esta desumanidade mais evidente e a condição de escravo e senhor sumamente acerba[59].

Em poucas questões estes escritores desapontam mais do que na questão da alforria e da freqüência com que era praticada. Aqueles que desejavam exaltar a suavidade da escravatura brasileira alegaram que a alforria voluntária era uma experiência comum, que os escravos podiam obter sua liberdade com facilidade, e que o governo, a Igreja e a sociedade viam o sacrifício deste gênero de propriedade com evidente aprovação. Mas com relação a estas matérias temos diante de nós apenas asserções vagas e contraditórias. Ianni escreveu que só "excepcionalmente" um escravo recebia a liberdade com a morte de seu senhor. Os escravos que eram livres, diz Costa, muitas vezes eram os velhos, coxos, cegos, doentes ou os leprosos. Mas Fernandes sustenta que existia "o costume" de libertar todos ou alguns dos escravos por ocasião da morte do senhor[60]. E Costa cita alforrias voluntárias como um dos obstáculos para calcular a mortalidade escrava[61]. Evidentemente, esta questão deve ser mais pesquisada.

Com relação à freqüência com que os escravos adquiriam sua liberdade, Costa afirma que com exceção dos

59. IANNI, pp. 160-61, 165; COSTA, p. 245; e CARDOSO, pp. 165, 270-72.
60. IANNI, p. 141; COSTA, p. 263; e BASTIDE e FERNANDES, *Brancos e Negros*, p. 117.
61. P. 259.

escravos especializados, era "difícil" para um escravo reunir dinheiro suficiente para conseguir isso[62]. Fernandes lembra que esta prática se tornou mais freqüente só quando os senhores de escravos começaram a estimular maior produtividade com recompensas monetárias, isto é, quando o sistema já estava mostrando sinais de declínio. O pouco dinheiro que os escravos podiam ter, diz Costa, freqüentes vezes era gasto em prazeres passageiros, bugigangas e bebida em vez de ser guardado para adquirir a liberdade num esforço a longo prazo e improvável[63]. De qualquer forma, é surpreendente que um escravo rural pudesse guardar seu dinheiro em algum lugar, ou pudesse provar que não o tinha roubado, chegada a ocasião para usá-lo.

As ações oficiais para garantir a emancipação gradual aparentemente não foram coroadas de muito sucesso. Durante a Guerra do Paraguai (1865-70), o governo brasileiro decretou que os escravos que lutassem se tornariam livres, mesmo que tivessem fugido para unir-se às fileiras. Mas não foram feitas estimativas quanto ao número daqueles que conseguiram o privilégio de arriscar sua vida pelo país de seus ex-senhores. Costa está segura de que a lei aprovada em 1871 que concedia a liberdade aos filhos de escravos nascidos a partir de então foi largamente violada através de registros fraudulentos. E pelo menos um senhor, depois da aprovação desta lei, deu a morte a um recém-nascido atirando-o à rua. Não há dúvida de que muitos vaivéns caracterizaram os esforços para garantir a liberdade aos adultos, a expensas do governo[64].

Ninguém é mais rigorosa do que Costa na citação de números; baseando sua exposição em jornais contemporâneos, afirma que, entre 1871 e 1879, 25 000 escravos foram alforriados voluntariamente por seus senhores. Os abolicionistas afirmaram que, entre 1873 e 1883, 58 000 foram libertados de maneira semelhante, e mais 12 000 cuja liberdade foi adquirida pelo governo. Outro tipo de evidência histórica é proporcionado por Ianni, assinalando que já em 1800 havia 1 336 negros e mulatos livres na região de Curitiba e somente 676 escravos. Em 1854,

62. Pp. 230, 240, 247, 259.
63. BASTIDE e FERNANDES, *Brancos e Negros*, p. 91, e COSTA, p. 247.
64. Pp. 259, 396-98, 401, e CARDOSO, p. 151n.

havia 2 167 negros e mulatos no Estado do Paraná, mas somente 578 destes eram escravos; em 1873, os números comparativos eram 47 937 e 10 560[65].

Com que freqüência eram libertados os filhos de senhor de escravos com mulher escrava? Fernandes diz que os pais "freqüentemente" libertavam seus filhos ilegítimos[66]. Costa cita o caso curioso de um senhor que alforriou seu filho tido com uma mulher escrava e legou a ele sua propriedade, incluída sua mãe escrava; o filho recusou-se a libertar sua mãe. Ianni lembra que mesmo quando foram mantidas relações sexuais com a finalidade de conseguir uma produção adicional de escravos (uma acusação gratuita visto que havia muitos homens escravos),

> mesmo então o cosmos moral que cercava e absorvia os membros da comunidade não podia deixar de afetá-los: os valores ligados à paternidade e à criança muitas vezes perseguiam os senhores ou os membros de sua família forçando-os até a conceder privilégios aos mulatos em face dos outros escravos, ou mesmo a própria liberdade[67].

Minhas próprias observações no Brasil levaram-me a concordar em que os brasileiros podem ter sido mais afeiçoados a seus filhos ilegítimos do que os norte-americanos, mas também a duvidar de que esta diferença fosse suficiente para afetar significativamente o número dos filhos assim alforriados. Isso provavelmente terá sido mais comum nas situações mais estáveis onde não só a paternidade estava envolvida mas também o aprofundamento gradual das relações afetivas criadas pela constante proximidade do pai com relação ao filho durante seus primeiros anos – uma estabilidade que presumivelmente era mais comum no Nordeste colonial do que no Sul mais recentemente desenvolvido. Ianni lembra ainda que as sanções morais tendentes à libertação dos escravos somente emergiram quando o sistema já estava em decadência, isto é, depois de 1850 ou mesmo 1870[68].

---

65. COSTA, pp. 399, 400, e IANNI, pp. 90, 104, 118. Os números contrastantes para este último período de 20 anos pode ser também uma evidência da precária segurança de qualquer estatística demográfica para o Brasil no século XIX como um reflexo do rápido crescimento regional.
66. BASTIDE e FERNANDES, *Brancos e Negros*, p. 115.
67. COSTA, p. 273, e IANNI, p. 174.
68. P. 221.

A próxima questão importante é saber como os libertos, negros e mulatos alforriados, foram tratados durante os tempos da escravidão. Eram realmente aceitos como iguais e era-lhes permitido subir livremente no sistema social como quiseram fazer-nos crer velhos escritores?[69] Um teste, então como hoje, foi o casamento. Fernandes é um tanto contraditório. Inicialmente afirma que só eram toleradas as relações endógamas quando se tratava de verdadeiro matrimônio em contraposição às relações sexuais. Em seguida admite que em tempos de dificuldade financeira brancos da classe alta procuravam negros ou mulatos ricos para casar suas filhas brancas mas empobrecidas[70]. Logo depois volta à imagem do "sistema de casta" no qual "proibições contra casamento inter-racial garantia... a integridade social de um grupo racial dominante"[71]. As relações sexuais, afirma, não ameaçavam este domínio visto que os filhos daí resultantes permaneciam na casta de suas mães; contudo refere-se, mais adiante, à libertação de tais filhos e à possibilidade de que o mulato liberto viesse a adquirir riqueza e, com isso, *status*. Fernandes tenta livrar-se destas contradições dizendo que quando um preto adquiria riqueza achava que a maneira mais segura de proteger o sistema era cooptá-lo na instituição branca. Finalmente afirma que, naquele tempo como hoje, o mulato liberto só podia ser aceito pelos brancos se fosse mais branco do que a maioria — conformando-se assim com a norma branca de beleza — e também mais rico[72].

Por fim, a herança da escravidão permanecia muito vincada no liberto. Antes de 1888 era legalmente definido como ex-escravo[73]. Impunham-se-lhe restrições que duraram até o fim do sistema escravocrata, e estas, às vezes, eram mais rigorosas do que para o escravo, visto que o liberto era considerado "mais insolente"[74]. Negavam-se-lhe especialmente muitos direitos políticos. Na lei de 1885 que tinha como objetivo apressar o processo da alforria finan-

69. MARY WILHELMINE WILLIAMS, The Treatment of Negro Slaves in the Brazilian Empire: A Comparison with the United States of America, *Journal of Negro History* 15 (1930): 335.

70. BASTIDE e FERNANDES, *Brancos e Negros*, pp. 84, 85.

71. *Ibid.*, pp. 122, 128, 129.

72. *Ibid.*, pp. 122, 128, 129.

73. *Ibid.*, p. 118.

74. IANNI, p. 149.

ciada pelo governo, havia uma cláusula sobre vadiagem especificamente aplicável ao liberto. E com relação às condições legais presumia-se que os negros fossem escravos, a menos que houvesse evidência em contrário. Assim um inglês observou que quando um branco precisava dos serviços de negros, não se dava o trabalho de procurar saber se eram escravos ou livres mas dava-lhes ordens como se fossem escravos. O liberto não tinha menos segurança do que o escravo e geralmente tornava-se dependente de seu ex-senhor, mas muitas vezes era empregado nos trabalhos mais perigosos onde os senhores temiam arriscar seus escravos[75].

Certamente, a abolição não resolveu estas dificuldades. A primeira coisa que os ex-escravos fizeram foi "comprar" ócio; Cardoso nota com finura que eles não trabalhavam porque antes de mais nada precisavam destruir-se como coisas antes que pudessem reconstruir-se como homens. Nem podia o ex-escravo fugir à "socialização" à qual fora sujeitado[76]. Cardoso conclui que somente com a maior dificuldade o ex-escravo pôde redescobrir "a relação entre si mesmo e os outros":

A cultura dos grupos africanos foi sistemática e deliberadamente destruída pelos senhores brancos; as formas de ser dos negros foram estandardizadas – tanto no sentimento como na ação – pelos brancos para melhor explorá-los e socializá-los. Assim os negros tiveram que empreender a lenta reconstrução de si mesmos como pessoas tomando como modelo o existente e o possível. Em outras palavras, a personalidade ideal para o liberto era a reprodução em si mesmo da onipresente imagem do branco. Não era possível alienação maior: aceitaram a imagem do "negro" e a ideologia da harmonia inter-racial desenvolvida pelo branco e adotaram como alvo. . . o branqueamento de si mesmos[77].

O fato de no Brasil de hoje o pobre ser predominantemente negro e a maioria da gente de cor ser pobre é a moderna herança de um passado alienante e desumanizante, uma alienação e desumanização que constituem uma parte excessivamente grande do Brasil atual.

75. COSTA, pp. 29, 278-79; IANNI, p. 156; CARDOSO, p. 142; e BASTIDE e FERNANDES, *Brancos e Negros*, pp. 81, 120, 121, 123.
76. Pp. 275, 279; ver também IANNI, p. 196, e BASTIDE e FERNANDES, *Brancos e Negros*, p. 52.
77. P. 290.

2. A "FAMÍLIA" ESCRAVA NO BRASIL COLONIAL

Este exame dos grupos familiais catalogados para a Fazenda Santa Cruz em 1791 é uma modesta tentativa de assinalar algumas das implicações da escravidão colonial tardia. As características aqui descritas não podem ser tomadas como típicas do Brasil daquele tempo, não obstante são de real interesse. Certamente, a visão do escravo que se reflete na maneira de agir do recenseador é cheia de significado para o sistema como um todo.

As classes mais baixas na sociedade deixam os historiadores com um mínimo de registros documentários e sua vida diária é a mais difícil de ser reconstruída. As relações familiais de reis e nobres, por exemplo, são conhecidas com precisão e até mesmo suas relações sexuais ilícitas muitas vezes são matéria de registro. O número de filhos da classe média, sua ascendência, suas idades, embora mais difíceis de serem apurados, podem ser descobertos em registros paroquiais ou em registros civis. Mas temos somente a mais escassa informação com relação à vida familial de grupos como os escravos. Em razão desta dificuldade, olha-se com interesse para qualquer informação documentária nesta matéria, mesmo se, como é quase necessariamente o caso, o registro fosse feito não pelos próprios escravos, mas por seus senhores. Este artigo examina alguma informação desta natureza.

Quando, em 1759, os jesuítas foram expulsos do império português, suas extensas propriedades passaram à coroa. Entre estas propriedades estava a imensa Fazenda Santa Cruz, cerca de 56 km a Oeste da cidade do Rio de Janeiro. Era uma das principais aquisições do Estado. Em 1771 informou-se que produziu uma renda de 3,6 a 4 contos de réis, num tempo em que um engenho de açúcar com o gado era avaliado em apenas 0,6 contos e dez escravos de primeira classe de 15 a 25 anos, não especializados, mas sem defeitos físicos, eram avaliados em pouco menos de 0,5 contos. Na década de 1770 esta fazenda produziu também, além da renda monetária, carne para a tripulação da marinha real, carvão vegetal para instalações públicas, e escravos especializados emprestados para trabalhar na fábrica de armas e em outros estabelecimentos estatais[1]. Em 1791, foi feito um inventário completo da Fazenda Santa Cruz, ocasião em que a responsabilidade por sua direção passou de um burocrata a outro[2]. Entre a propriedade inventariada havia 1 347 escravos catalogados segundo nome, idade, sexo, e grupo familial. O fato de ter sido uma propriedade jesuíta, sua administração pública, o tamanho incomum da população escrava e a elaboração

---

1. DAURIL ALDEN, *Royal Government in Colonial Brazil, With Special Reference to the Administration of the Marquis of Lavradio, Viceroy, 1769-1779* (Berkeley e Los Angeles, University of California Press, 1968), pp. 346-47, 509-10.

2. Inventário dos escravos pertencentes a Real Fazenda de Santa Crús [sic] q̄ o Sarg.to M.r Manoel Joaq.m da S.a Castro entregou e ficão em carga a Joaquim Henriques Guerra, Cabo de Esquadra do Regim.to de Artilharia em 12 de junho de 1791, Arquivo Nacional, Rio de Janeiro, Códice 808, vol. 4, não paginado, sem número.

de um inventário tão cuidadoso, tudo indica um caso atípico. Contudo, precisamente em razão destes fatores, de modo especial o número relativamente grande de escravos, tem mais do que um interesse puramente antiquário.

Por várias razões, as informações apresentadas neste inventário devem ser usadas com especial cuidado. O mais importante é que ele representa a visão da realidade como se apresenta ao administrador branco e pode informar-nos mais sobre ele do que sobre os escravos. Por esta mesma razão, é claro, é significativo e neste sentido pode ser considerado indicativo de uma visão social geral da vida familial escrava. Mas é importante ter em mente esta característica dos números abaixo apresentados. Evidentemente, os escravos eram concentrados em suas cabanas para a enumeração. O autor do inventário começou catalogando o homem que considerava o chefe da família, a quem registrava em seguida como casado ou viúvo. Depois deve ter perguntado a idade do escravo ou ter feito ele mesmo uma estimativa. Este número era anotado com muita precisão, uma precisão que dificilmente pode ser justificada pela condição da fazenda como propriedade ex-jesuíta na qual provavelmente se dava mais atenção do que a habitual ao batismo. A esposa e os filhos do chefe eram catalogados ao lado, com suas respectivas idades. Pode-se presumir, pelo que se conhece da vida escrava em geral, que muitos destes casais representavam somente uniões temporárias. Quando não havia chefe de família masculino, a mulher habitualmente era catalogada como viúva, embora ocasionalmente simplesmente como "casada". Em muitas famílias havia filhas não-casadas com filhos. Finalmente, alguns homens e mulheres eram catalogados como solteiros e algumas destas mulheres também tinham filhos. O que determinou a diferenciação entre mulheres-casadas-sem-maridos e mães solteiras provavelmente não foi o registro de um matrimônio contraído mas as respostas dadas pelos negros ou os caprichos do anotador. Ele tinha a idéia fixa de uma vida familiar relativamente estável entre os escravos numa sociedade em que a vida familiar de homens e mulheres livres da classe baixa provavelmente era muito desorganizada[3].

---

3. Ainda não se fez nenhum estudo desta matéria, mas com considerável licença histórica pode-se aplicar a visão da vida familiar da classe baixa apresentada pelo romance de Manuel Antônio de

Dos 1 347 escravos desta fazenda, 363 eram homens, 448 mulheres, e 536 crianças de catorze anos para baixo. Dentre os homens adultos, 115 eram classificados como solteiros, dentre as mulheres 145 (incluindo 19 mães sol-

QUADRO 2. HOMENS POR IDADE E CONDIÇÃO MARITAL

1	2	3	4	5	6	7	8	9
Grupo etário	Chefes de família viúvos ou solteiros	Chefes de famílias com esposas	Total dos chefes de família	Solteiros, acima de 15 anos, levando vida independente	Total de homens sem esposas levando vida independente (colunas 2 e 5)	Homens solteiros acima dos 15 anos, vivendo com os pais	Total dos homens solteiros (coluna 5 e 7)	Total Geral
15-19	0	0	0	5	5	43	48	48
20-24	1	6	7	9	10	34	43	50
25-29	1	35	36	6	7	8	14	50
30-34	2	43	45	6	8	2	8	53
35-39	4	38	42	2	6	0	2	44
40-44	8	36	44	0	8	0	0	44
45-49	2	11	13	0	2	0	0	13
50-54	4	21	25	0	4	0	0	25
55-59	3	5	8	0	3	0	0	8
60-64	3	7	10	0	3	0	0	10
65-69	2	1	3	0	2	0	0	3
70-74	2	3	5	0	2	0	0	5
75-79	1	2	3	0	1	0	0	3
80 ou mais	3	4	7	0	3	0	0	7
Totais	36	212	248	28	64	87	115	363

Almeida, escrito em meados do século XIX, *Memórias de um Sargento de Milícias*, 4 ed. (São Paulo, Melhoramentos, 1962) ou pelo estudo erudito do fim do século XIX por Maria Sylvia de Carvalho Franco, *Homens Livres na Ordem Escravocrata*, Publicações do Instituto de Estudos Brasileiros, 13 (São Paulo, Instituto de Estudos Brasileiros, 1969), pp. 40-48.

1	2	3	4	5	6	7	8	9	10	11
Grupo Etário	Chefes de família com esposas	Mulheres com maridos	Homens sem esposas levando vida independente	Mães solteiras, esposas com ou sem maridos, viúvas, e solteiras sem filhos levando vida independente	Solteiros acima de 15 anos vivendo com os pais	Mulheres solteiras sem filhos vivendo com os pais	Total geral dos homens	Total geral das mulheres	Porcentagem dos homens casados com relação ao total de homens	Porcentagem de mulheres casadas com relação ao total das mulheres
15-19	0	0	5	11	43	58	48	70	0,0	0,0
20-24	6	30	10	9	34	44	50	88	14,0	36,4
25-29	35	43	7	5	8	7	50	62	72,0	77,4
30-34	43	52	8	12	2	0	53	68	84,9	94,1
35-39	38	27	6	13	0	0	44	40	95,4	100,0
40-44	36	30	8	5	0	0	44	35	100,0	100,0
45-49	11	7	2	9	0	0	13	16	100,0	100,0
50-54	21	12	4	12	0	0	25	24	100,0	100,0
55-59	5	2	3	1	0	0	8	3	100,0	90,9
60-64	7	5	3	6	0	0	10	11	100,0	100,0
65-69	1	1	2	2	0	0	3	3	100,0	100,0
70-74	3	1	2	12	0	0	5	13	100,0	100,0
75-79	2	0	1	2	0	0	3	2	100,0	100,0
80 ou mais	4	2	3	11	0	0	7	13	100,0	100,0
Totais	212	212	64	110	87	109	363	448	68,3	67,6

teiras). A idade média de todos estes escravos era de 23,8 anos, sendo as mulheres um pouco mais jovens (23,6) e os homens um pouco mais idosos (24,0). Se levarmos em conta somente adultos de 15 anos para cima, a diferença na média de idade entre homens e mulheres é um pouco mais acentuada, sendo 35,2 para os homens e 33,8 para as mulheres. A média do escravo solteiro era de 20,9 anos e a de sua companheira potencial de 20,3.

O Quadro 2 dá um perfil da população masculina por idade e condição marital. Os homens tendem manifestamente a "casar" depois dos vinte e cinco anos: 86% dos homens até vinte e cinco anos não estavam casados, ao passo que depois dos 25 anos esta porcentagem cai para 28%. Esta queda pode ser reflexo das normas aceitas pela sociedade como um todo naquele tempo, ou uma indicação de que a possibilidade de venda de jovens escravos encorajava os senhores a considerá-los solteiros sem levar em consideração suas relações com mulheres. Alguém poderia levantar a hipótese de que, à medida que os escravos iam ficando mais velhos e menos vendáveis, as uniões por eles estabelecidas eram consideradas mais ou menos permanentes. Mas desde que, como se pode ver no Quadro 3, os números das mães não-casadas e das mulheres solteiras não se enquadravam inteiramente nestes moldes, tal explicação não é suficiente para tornar compreensível o declínio pronunciado na proporção de homens solteiros depois dos 25 anos. Fatores sociais mais amplos devem ser considerados como um fator significativo.

O Quadro 4 informa sobre o estado das mulheres escravas. Das 448 mulheres, 212 ou 47,3% viviam com seus maridos, 126 ou 28,1% viviam com seus pais e as restantes 110 ou 24,5% viviam independentemente. Como já se observou, sempre que o enumerador trata de mulheres casadas sem maridos, revela marcada preferência pela categoria "viúva" em vez de "casada-sem-marido". Mas podemos presumir que estas duas categorias sejam quase sinônimas, pelo menos para as mulheres mais jovens, visto que o enumerador era um homem e vivia numa sociedade dominada pelo homem. Devemos estar preparados para discutir esta suposição implícita de que as mulheres casadas (47,3%) eram dependentes dos maridos. No caso de sociedades escravas em outros lugares, alegou-se que o homem estregue aos trabalhos do campo pôde estar relativamente divorciado

QUADRO 4. MULHERES POR IDADE E CONDIÇÃO MARITAL

1	2	3	4	5	6	7	8	9	10	11	12	13	14	15	16	17
Grupo Etário	Mulheres com maridos	Esposas com ou sem maridos	Viúvas	Total de Esposas	Mães solteiras levando vida independente	Mães solteiras vivendo com os pais	Total de mães solteiras	Mães solteiras mais esposas com ou sem maridos, cols. 3 e 8	Mães solteiras, esposas com ou sem maridos, viúvas, cols. 3, 4 e 8	Idem menos aquelas que vivem com os pais, cols. 10-7	Solteiras sem filhos levando vida independente	Esposas com ou sem maridos, viúvas, e solteiras sem filhos levando vida independente, cols. 11 e 12	Mulheres solteiras sem filhos vivendo com os pais	Total das solteiras sem filhos, cols. 12 e 14	Total das mulheres que vivem com os pais, cols. 7 e 14	Total de mulheres, cols. 5, 8 e 15
15-19	0	0	0	0	1	1	2	2	2	1	10	11	58	68	59	70
20-24	30	2	0	32	1	5	6	8	8	3	6	9	44	50	49	88
25-29	43	1	4	48	0	7	7	8	12	5	0	5	7	7	14	62
30-34	52	4	8	64	0	4	4	8	16	12	0	12	0	0	4	68
35-39	27	3	10	40	0	0	0	3	13	13	0	13	0	0	0	40
40-44	30	0	5	35	0	0	0	0	5	5	0	5	0	0	0	35
45-49	7	0	9	16	0	0	0	0	9	9	0	9	0	0	0	16
50-54	12	0	12	24	0	0	0	0	12	12	0	12	0	0	0	24
55-59	2	0	1	3	0	0	0	0	1	1	0	1	0	0	0	3
60-64	5	0	5	10	0	0	0	0	5	5	1	6	0	1	0	11
65-69	1	0	2	3	0	0	0	0	2	2	0	2	0	0	0	3
70-74	1	0	12	13	0	0	0	0	12	12	0	12	0	0	0	13
75-79	0	0	2	2	0	0	0	0	2	2	0	2	0	0	0	2
80 ou mais	2	0	11	13	0	0	0	0	11	11	0	11	0	0	0	13
Totais	212	10	81	303	2	17	19	29	110	93	17	110	109	126	126	448

da função de pai e chefe da família ao passo que a localização mais próxima da mulher com relação às sedes administrativas, seu uso no serviço doméstico, e seu ocasional papel de parceira sexual do senhor dava-lhe acesso à informação e, em certo sentido, ao poder negado a seu marido[4]. Conferindo o Quadro 2, podemos ver que somente 64 ou 17,6% dos homens não viviam nem com uma mulher nem com um dos pais com quem pudessem contar, em contraste com os 24,5% (110) das mulheres que viviam independentemente. Se se afirmasse que a maioria dos homens casados era realmente dependente de suas esposas, então o número de mulheres independentes ficaria grandemente acrescido.

Se o sexo não tornava o homem dominante, talvez o tornasse a idade. Qual era a diferença de idade entre homens e mulheres que viviam juntos como marido e esposa? Como se pode ver no Gráfico 1, os homens geralmente eram mais idosos do que suas esposas. No caso de 178 casais, o homem era mais velho do que a mulher, ao passo que ela era mais velha em apenas 21 casos (em 13 casos, tinham a mesma idade). Mas na grande maioria dos casais (2 entre 3) a diferença de idade era de apenas 5 anos ou menos e pode-se argumentar dizendo que esta não é uma idade suficiente para assegurar o domínio do parceiro mais velho. Nos casais onde o homem era significativamente mais velho do que a mulher, a evidência freqüentemente leva a crer que se tratava de seu segundo "casamento". Num caso, por exemplo, sua filha de 25 anos vivia sob o mesmo teto com sua esposa de 25 anos.

Outra maneira de examinar a questão do domínio feminino na sociedade escrava é investigar o número de homens e mulheres sem companheiros mas com filhos dependentes. O Quadro 5 apresenta esta informação. As mulheres têm mais do que o dobro de dependentes com relação aos homens e a desproporção é especialmente nítida (5,6 :: 1) entre os 20 e 40 anos.

---

4. *E.g.*, STANLEY M. ELKINS, *Slavery: a Problem in American Institutional and Intellectual Life*, 2. ed. (Chicago, University of Chicago Press, 1968), p. 130.

GRÁFICO 1. DIFERENÇA ETÁRIA DOS CASAIS

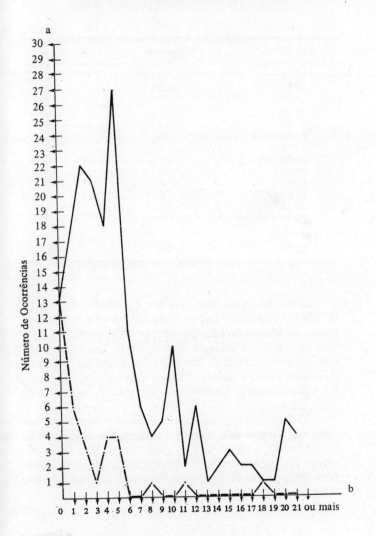

Diferença etária entre Esposos
—————— Marido mais velho do que a esposa
—·—·—·— Mulher mais velha do que o marido

Eixo 0-a: Marido e esposa com a mesma idade.

QUADRO 5. HOMENS E MULHERES SEM CÔNJUGES E
COM FILHOS DEPENDENTES, POR IDADE

Grupo Etário	Mulheres	Homens
15-19	0	0
20-24	3	0
25-29	4	1
30-34	10	1
35-39	11	3
40-44	4	6
45-49	6	2
50-54	8	3
55-59	1	2
60-64	2	2
65-69	0	0
70-74	5	1
75-79	0	0
80 ou mais	0	1
Totais	54	22

Relevante para esta questão é também o número
de filhos educados só por sua mãe. O Quadro 6 mostra que
dentre os filhos educados por apenas um dos pais, 77 estavam com a mãe e somente 23 com o pai. Assim, quarenta
e seis meninos cresceram sem a imagem do pai e 43 meninas
cresceram vendo a mãe enfrentar a vida sozinha. Os números opostos seriam: meninos só com pais, 9, meninas sem
mães, 23.

O Quadro 7 compara as idades dos homens e das
mulheres. Depois dos 35 anos, os números mais ou menos
se equivalem, exceto para os mais idosos. Mas no grupo
etário 15-34, as mulheres superam os homens em quase
50%. Não há justificativa estatística para tal disparidade[5].

5. *E.g.*, nos dados para um período posterior apresentados
por EDUARDO E. ARRIAGA, *New Life Tables for Latin American
Populations in the Nineteenth and Twentieth Centuries* (Berkeley,
Institute of International Studies, University of California, 1968),
pp. 25-42.

QUADRO 6. FILHOS COM MENOS DE 15 ANOS SEM PAIS, POR SEXO E IDADE

Grupo Etário	Sem pais			Somente com mãe			Somente com pai			Total Geral
	Meninos	Meninas	Total	Meninos	Meninas	Total	Meninos	Meninas	Total	
0-4	0	0	0	11	20	31	1	2	3	34
5-9	5	3	8	12	11	23	2	4	6	37
10-14	7	6	13	11	12	23	6	8	14	50
Totais	12	9	21	34	43	77	9	14	23	121

Pode-se levantar a hipótese de que os homens deste grupo etário fossem vendidos. Mas o Quadro 8 apresenta desequilíbrio semelhante para crianças que excede de longe as proporções que se poderiam esperar de padrões normais de nascimento e infância. É também surpreendente que a razão de meninas para meninos seja mais elevada no grupo etário 5-9 do que no grupo 10-14. É difícil imaginar que tenham sido vendidos mais meninos no primeiro do que no segundo grupo. Parece não haver explicação satisfatória para este fenômeno.

QUADRO 7. HOMENS E MULHERES POR GRUPO ETÁRIO

Grupo Etário	Homens		Mulheres		Porcentagem de mulheres	
15-19	48		70		146	
20-24	50	201	88	288	176	143
25-29	50		62		124	
30-34	53		68		128	
35-39	44		40		91	
40-44	44	126	35	115	80	91
45-49	13		16		123	
50-54	25		24		96	
55-59	8		3		38	
60-64	10	26	11	30	11	115
65-69	3		3		100	
70-74	5		13		260	
75-79	3	10	2	15	67	150
80 ou mais	7		13		186	
Totais	363		448		123	

QUADRO 8. FILHOS COM MENOS DE 15 ANOS
POR GRUPO ETÁRIO E SEXO

Grupo Etário	Meninos	Meninas	Total
0-4	80	92	172
5-9	89	100	189
10-14	90	85	175
Totais	259	277	536

Não há meio de conhecer o número de filhos por família visto que a ascendência daquela prole, que não viveu por mais tempo na mesma família com seus pais, não foi indicada. Pela mesma razão, o autor do inventário também não pôde indicar com certeza a idade média dos pais ao tempo do nascimento do primeiro filho. O que se pode fazer é calcular a idade dos pais no nascimento do último filho catalogado para mostrar os limites de fertilidade da idade média ascendente. A média do pai era de 34,4 anos quando nasceu o último filho, e a da mãe era de 28,9. Estes números não devem parecer insólitos. Para sugerir os limites etários inferiores de fertilidade e calcular o tamanho da família, podemos isolar os pais casados, (n = 35) no grupo etário 25-29, visto que seu filho mais velho ainda tendia a ser catalogado em casa. Chegamos à conclusão de que o número médio de filhos por casal era de 1,37. Dado que os homens tendiam consistentemente a serem mais velhos do que as mulheres, não é surpreendente descobrir que, se isolarmos as mães casadas no mesmo grupo etário (n = 48), a idade média dos filhos cresce para 7,3 anos e o número médio de filhos para 1,97. Evidentemente, as mulheres escravas nesta fazenda começavam a ter filhos pelo fim da adolescência e no começo dos vinte anos, e geravam uma média de dois filhos cada.

Dois outros tipos de informação — habilidades e defeitos físicos — foram anotados pelo enumerador e aqui devem ser mencionados, embora não estejam diretamente relacionados com a vida familiar. Sessenta e cinco dos escravos, incluindo uma mulher, eram catalogados como trabalhadores especializados. Como se pode ver no Quadro 9, a profissão mais comum era a de carpinteiro seguida da de músico. Os peritos em construção, incluindo carpinteiros, pedreiros, serradores e torneiros, chegavam a 32 ou quase a metade do número dos trabalhadores especializados. Visto que alguns dos oleiros podem ter sido também fabricantes de tijolos e telhas (ou operadores de forno), é evidente que predominavam as profissões relacionadas com a construção. Noutra parte do inventário, um destes escravos especializados, um boticário, atestou a exatidão da lista dos pertences e medicamentos da farmácia apondo sua assinatura[6]. Não consta de nenhum outro modo a alfabe-

---

6. Relação do Inventario do q. pertence a Botica da Real Fazenda de Santa Cruz q. o Sarg<u>to</u> M<u>l</u> Manoel Joaq<u>m</u> da S<u>a</u> Castro

tização. Quarenta destes escravos estavam entre os 35 e 54 anos e em nenhum caso parece ter havido perigo de que os trabalhadores especializados morressem antes de poder ensinar sua profissão aos jovens. Os músicos estavam entre os mais jovens deste grupo especializado mas entre eles havia também vários homens que andavam pelos quarenta. O trabalhador mais velho era um tecelão e a única mulher era uma oleira. A proporção dos homens especializados com relação ao total da população masculina (Quadro 10) sugere duas hipóteses: ou quanto mais alguém vivia maior probabilidade tinha de chegar a aprender uma profissão, ou os trabalhadores especializados, talvez por evitarem o duro trabalho da lavoura, tendiam a viver mais. A alta proporção (30,16%) de trabalhadores especializados de meia idade (35-54) com relação ao total de homens naquele grupo etário provavelmente era atípica para o Brasil daquele tempo. A posição da fazenda como propriedade pública provavelmente diminuía a maximização do lucro e a concentração na agricultura que teriam caracterizado outras

QUADRO 9.

OCUPAÇÕES ESPECIALIZADAS POR GRUPO ETÁRIO

Grupo Etário	Carpinteiro	Músico	Oleiro	Pedreiro	Ferreiro	Curtidor	Tecelão	Boticário	Serrador	Torneiro	Tanoeiro	Sapateiro	Totais
10-14		3											3
15-19		1											2
20-24	1	2										1	4
25-29	3					1	1				1		4
30-34	1	1	2	2									6
35-39	6	1		3		1		2	1				14
40-44	1	4	1	1	3	2							12
45-49	3			1	1								5
50-54	3		·3*			1			1	1			9
55-59			1				1						2
60-64	1		1										2
65-69													0
70-74	1				1								2
75-79													0
80 ou mais							1						1
Totais	20	12	7	7	5	6	3	2	2	1	1	1	66

* Um é uma mulher.

entregou e fica em carga ao pardo Cirurg^m José Alves escravo da mesma faz^{da} em 7 de junho de 1791, Arquivo Nacional, Rio de Janeiro, Códice 808, vol. 4, não paginado, sem número.

fazendas estruturadas com vistas à renda monetária. De outro lado, é claro que nas mãos de administradores descuidados teria havido menos interesse em formar o patrimônio de escravos especializados que depois deveriam passar a um sucessor. Sejam ou não excepcionais, estas habilidades implicam, num número relativamente grande de escravos, certo senso de sua própria habilidade criativa e assim de sua individualidade.

QUADRO 10. PROPORÇÃO DOS HOMENS ESPECIALIZADOS
COM RELAÇÃO AO TOTAL DOS HOMENS
POR GRUPO ETÁRIO

Grupo Etário	Homens Especializados	Total da População Masculina	Porcentagem dos Especializados
15-19	2	48	4,16
20-24	4	50	8,00
25-29	3	50	6,00
30-34	6	53	11,32
35-39	14	44	31,82
40-44	12	44	27,27
45-49	5	13	38,46
50-54	7	25	28,00
55-59	2	8	25,00
60-64	2	10	20,00
65-69	0	3	0,0
70-74	2	5	40,00
75-79	0	3	0,0
80 ou mais	1	7	14,29
Totais	60	363	16,52

Uma pequena informação final fornecida pelo autor do inventário trata dos portadores de defeitos físicos. Provavelmente só foram catalogados aqueles que estavam tão gravemente lesados e deformados a ponto de não poderem mais trabalhar. Entre os portadores destes defeitos encontravam-se mais mulheres do que homens, embora o número total fosse muito pequeno para que se pudesse atribuir qualquer importância a este fato. As quatro primeiras categorias do Quadro 11 podem ser reunidas sob a categoria "aleijado" elevando este total a 11 e tornando o balanço entre homens e mulheres mais ou menos igual para este grupo. Evidentemente, o enumerador encontrou

QUADRO 11. PORTADORES DE DEFEITOS FÍSICOS

Grupo Etário	Aleijado		Coxo		"Quebrado das costas"		"Estepo-rado"*		Cego		Gotacoral		Totais		Total Geral
	M	F	M	F	M	F	M	F	M	F	M	F	M	F	
5-9	1												1		1
10-14		1			1							1	1	2	3
15-19										1				1	1
20-24		1							2	1			2	2	4
25-29		1	1				1						2	1	3
30-34										1				1	1
35-39		1								1				2	2
40-44	1									2			1	2	3
45-49															0
50-54		1								1				2	2
55-59															0
60-64		1							1				1	1	2
65-69															0
70-74										1				1	1
75-79															0
80 ou mais									1	1			1	1	2
Totais	2	6	1	0	1	0	1	0	4	9	0	1	9	16	25
	8		1		1		1		13		1		25		25

*Grafia errônea de *estropiado* ou *estuporado*, ambos significando aleijado, paralisado ou deformado após o nascimento.

mais dificuldade em assinalar a natureza específica do defeito para homens do que para mulheres. Não se conhece a razão por que o número de mulheres cegas era mais do que duas vezes superior ao dos homens. É possível que o homem cego estivesse mais sujeito a acidentes fatais. É impossível saber quantos destes infelizes foram vítimas de seus capatazes. "Quebrado das costas", e "esteporado", isto é, estropiado, são duas categorias que sugerem deformidades não congênitas. Não há variações significativas por grupo etário.

O significado mais amplo deste inventário pode ser encontrado na mentalidade de seu autor. O fato de serem os escravos tão cuidadosamente separados em grupos familiais sugere uma imagem particularmente fixa da vida familiar. Não há evidência de que a reprodução de "melhor" estirpe tenha sido levada em consideração aqui, visto que não foram feitos registros das capacidades físicas ou mentais dos escravos. É possível que todo este esforço não reflita mais do que uma tentativa de identificar com mais facilidade futuros desfalques da propriedade escrava: "Onde está o filho de José?" Contudo, fica-se com a impressão de que isso tem grande significação. Não há dúvida de que teria sido muito mais fácil fazer uma resenha dos escravos, enumerando rapidamente homens, mulheres e crianças. Em vez disso, cada qual foi catalogado por nome, idade e relação familial. Embora os escravos pudessem ser vendidos separadamente, foram enumerados por famílias. É evidente, e não de molde a surpreender realmente, que a qualidade humana desta forma de propriedade era assim reconhecida. Esta maneira de enumerar revelava, embora não necessariamente para os contemporâneos, a básica contradição da escravatura, a contradição entre escravos como propriedade e escravos como seres humanos, entre sua insignificância e sua plenitude volitivas.

3. CAUSAS DA ABOLIÇÃO DA ESCRAVATURA NO BRASIL*

Os norte-americanos ficaram perplexos por muito tempo pelo fato de a escravidão ter sido abolida no Brasil sem um holocausto semelhante àquele ocorrido em seu país. Percy Alvin Martin, mais tarde professor de História do Brasil na Universidade de Stanford, procurou explicar isso já em 1933. No presente artigo indico duas forças de longo alcance — a ascensão do café no Centro-Oeste de

* Anteriormente publicado sob o título: Causes for the Abolition of Negro Slavery in Brazil: an Interpretativ Essay, *Hispanic American Historical Review*, vol. XLVI, nº 2 (maio, 1966), pp. 123-37.

São Paulo e o processo de urbanização – e o efeito imediato das fugas de escravos como explicações das causas da abolição da escravatura brasileira. Como anotei no Cap. 1, quando escrevi este artigo desconhecia o trabalho de Emília Viotti da Costa sobre este assunto, o qual tornou o presente estudo um tanto redundante. Desde então também cheguei a sentir que o efeito da urbanização deve ser considerado com mais cuidado do que o foi aqui. Todavia, penso que a informação que apresento estava situada numa justaposição suficientemente nova para merecer a inclusão neste livro.

Em vão se examinam as histórias gerais do Brasil à procura de explicações satisfatórias para a aprovação da lei de 1888 que libertava três quartos de um milhão de escravos, arruinando muitos latifundiários e destruindo o sistema político que eles criaram. Embora estas histórias mencionem alguns dos fatores de que trata este artigo, fazem-no só de passagem e sem acentuar sua importância causadora. Fica-se com a impressão geral de que o Parlamento brasileiro sancionou a lei libertando os escravos em resposta a sentimentos humanitários e à pressão da opinião pública incitada por uma campanha de propaganda habilmente orientada por um punhado de abolicionistas. Pandiá Calógeras insistiu em que o passo "era inevitável conseqüência da irresistível opinião nacional". Clarence H. Haring, em seu sumário das obras secundárias da história do Brasil, diz que "comícios, artigos na imprensa diária e sociedades abolicionistas... reduziram a relutância de um Parlamento dominado por interesses escravistas". Não deve causar admiração que os manuais brasileiros enfatizem mais este esforço de cruzada ou os sentimentos humanitários do imperador e da princesa do que a pressão feita pelos próprios escravos em seu favor. O único estudo em inglês sobre a questão – um artigo publicado em 1933 por Percy Alvin Martin – refere-se à campanha abolicionista, à atividade parlamentar, e à ação voluntária da parte de alguns senhores de escravos e só se refere de passagem à omissão do Exército em perseguir os escravos fugitivos[1].

---

1. JOÃO PANDIÁ CALÓGERAS, *Formação Histórica do Brasil*, 3 ed., Brasiliana, 42 (São Paulo, 1938), 339; ver a abordagem ainda mais estéril de PEDRO CALMON, *História do Brasil*, Brasiliana, 176, 5 vols. (São Paulo, 1947), IV, 500-505, 509-515; mesmo CAIO PRADO JÚNIOR, *História Econômica do Brasil*, 5 ed. (São

É verdade que o Parlamento sancionou a lei banindo a escravatura por maioria esmagadora. Seja como for, sabemos que este Parlamento representava os grandes latifundiários do país, grupos que dependiam para sua receita e nível de vida do trabalho escravo. É possível sustentar que os representantes dos senhores de escravos — em muitos casos eles mesmos senhores de escravos — abandonaram seus mais evidentes e vitais interesses econômicos como resultado de brilhantes discursos e do alarido da imprensa? Se a resposta a esta questão é "não", então devemos procurar outras respostas. O objetivo deste artigo é sugerir uma explicação alternativa baseada fundamentalmente numa leitura atenta da literatura secundária. Embora uma fundamentação plena requeira pesquisa cuidadosa das fontes primárias, esta interpretação tem a vantagem inicial de evitar as contradições inerentes às versões convencionais[2].

A tese deste artigo é que as idéias propagadas pelos abolicionistas desempenharam, realmente, um papel decisivo no banimento da escravatura, mas não da maneira geralmente descrita. Os abolicionistas apelaram para as necessidades dos novos grupos urbanos que emergiram no

Paulo, 1959), 185, atribui importância fundamental à opinião pública; CLARENCE H. HARING, *Empire in Brazil: a New World Experiment with Monarchy* (Cambridge, Mass., 1958), 100; na p. 103 acrescenta: "A Princesa Regente... estava convicta... de que o governo devia procurar a paz com o sentimento público..."; HÉLIO VIANNA, *História do Brasil*, 3. ed. (São Paulo, 1965), II, 212-215; ARMANDO SOUTO MAIOR, *História do Brasil para o Curso Colegial* (São Paulo, 1965), 342; PERCY ALVIN MARTIN, Slavery and Abolition in Brazil, *HAHR*, XIII (maio 1933), 172-196, esp. 193. Infelizmente, JOEL RUFINO DOS SANTOS *et al.*, *História nova do Brasil*, 2. ed. (São Paulo, 1964), IV, 34, 37-38, discute as causas da abolição num contexto que diminui a credibilidade de seus enfoques.

2. As oportunidades de pesquisa neste campo estão atraindo os candidatos ao doutorado. Existe um mito segundo o qual a pesquisa neste campo não pode ser levada a bom termo porque Rui Barbosa mandou queimar todos os registros governamentais sobre a escravatura. É verdade que ele destruiu o registro de escravos criado pela lei de 1871 como também muitos registros heterogêneos. Os arquivos estatais e locais permaneceram intactos, e o Arquivo Nacional está cheio de outros manuscritos, além de jornais e de outros materiais impressos. Sei apenas de um estudante americano que atualmente dá prosseguimento à pesquisa sobre a questão da escravatura no Brasil.

Brasil depois da Guerra do Paraguai (1865-1870). Estes grupos, estimulados por esta propaganda, encorajaram e incitaram a revolta virtual dos escravos através de fugas em massa das fazendas. Os fazendeiros, diante de um fato consumado, preferiram legalizar a situação para prevenir ulterior declínio de sua posição. Em muitos casos, a crônica escassez de escravos já os tinha prejudicado severamente. Influências externas e até mesmo pressões foram largamente responsáveis por esta escassez e pelas medidas tomadas em favor dos escravos antes de 1871. Quando foi aprovada a Lei Rio Branco, embora os novos grupos urbanos ainda fossem fracos, os fazendeiros já começavam a sentir a falta de mão-de-obra.

Para entender a ação recíproca das forças que levaram à abolição da escravatura no Brasil, é necessário compreender duas mudanças fundamentais na vida econômica e social brasileira. Uma consistiu na ascensão das exportações de café e na expansão das novas regiões cafeeiras; a outra, no crescimento e importância das cidades.

Durante a segunda metade do século XIX, o Brasil foi arrastado para o vórtice econômico europeu. O crescente ímpeto da revolução industrial na Europa e nos Estados Unidos significou não somente o aumento da população urbana no mundo "desenvolvido" e um crescente lazer que permitia o consumo de artigos de luxo como o café, mas também a aplicação de nova tecnologia ao transporte marítimo e terrestre, diminuindo significativamente o custo das mercadorias que entravam ou saíam do Brasil[3]. Como resultado disso, as exportações brasileiras de café cresceram de maneira tão acentuada a ponto de perturbar as relações econômicas e sociais estabelecidas. Inicialmente, o grosso desta produção estava centralizada no Vale do Paraíba, mas a exportação de café estimulava novo interesse pela construção de estradas de ferro. Em 1868, novas linhas foram abertas do porto de Santos às ricas terras do Centro-Oeste de São Paulo, enquanto outras estradas de ferro se estendiam através da nova área. Em meados da década de 1880, a Província de São Pedro produzia mais café do que o Rio de Janeiro.

3. SANFORD A. MOSK, Latin America and the World Economy, 1850-1914, *Inter-American Economic Affairs*, II (1948), 53-82; GERALD S. GRAHAM, The Ascendancy of the Sailing Ship 1850-85, *Economic History Review*, n.s. IX (1956-1957), 74-88.

Com as estradas de ferro veio o avanço da fronteira econômica, e o Centro-Oeste de São Paulo pela primeira vez foi incorporado à economia monetária do Brasil. Onde chegava a estrada de ferro, aí aparecia a fazenda de café, ampla e moderna; as carreiras limpas de árvores cintilantes subindo e descendo o interior ondulado substituíam as poucas nesgas de terra de cereais de subsistência que em tempos passados cresciam na floresta virgem. Não dependendo mais do lombo de burros para deixar sua produção em Santos à espera de navios, os fazendeiros podiam agora avançar facilmente para terras sempre melhores. Enquanto isso, o Vale do Paraíba entrava num período de declínio com a ruína de mansões que falam de um grande passado[4].

A impetuosa prosperidade da região cafeeira de São Paulo propiciou a ascensão de um novo grupo de homens. Aqui, os grandes fazendeiros do café não eram dominados por tradições de um passado senhorial mas provinham de um grupo menos favorecido de pequenos proprietários rurais ou de negociantes. Com o entusiasmo de homens que se elevaram por seu esforço, lançaram-se à luta pela terra, pondo em movimento seu número insuficiente de escravos, levantando empréstimos, engajando-se em batalhas em favor dos interesses rurais, adquirindo mais, e avançando para o Oeste. Consideravam sua terra um capital e não um sinal de *status*. Adquiriam terras para produzir riquezas, e se os velhos métodos não davam resultado, tentavam novos. Como empresários rurais, mostraram seu espírito inovador adotando uma nova cultura, usando novas técnicas de beneficiamento, e dando apoio entusiasta às estradas de ferro, que não raro eles mesmos construíam, e exigiam uma fonte de mão-de-obra mais abundante e flexível do que aquela que a instituição da escravatura podia oferecer[5].

4. Sobre o conceito de "fronteira econômica" ver J. F. NORMANO, *Brazil, A Study of Economic Types* (Chapel Hill, 1935), 1-17; PIERRE MONBEIG, *Pionniers et planteurs de São Paulo*, Collection des Cahiers de la Fondation Nationale des Sciences Politiques, nº 28 (Paris, 1952), 83-93; STANLEY J. STEIN, *Vassouras, a Brazilian Coffee County*, (Cambridge, Mass., 1957), 213-249.

5. MONBEIG, *Pionniers et planteurs*, 121-125, 128-129; CELSO FURTADO, *Formação Econômica do Brasil* (Rio de Janeiro, 1959), 139-140; FLORESTAN FERNANDES, "Do Escravo ao Cidadão", in ROGER BASTIDE e FLORESTAN FERNANDES, *Relações Raciais entre Negros e Brancos em São Paulo* (São Paulo, 1955), 40-41; o fazendeiro do Vale do Paraíba achava que seu con-

O crescimento do comércio exterior também ajudou a provocar a ascensão de novos grupos urbanos e o crescimento comercial geral no Brasil. Já não eram só os estrangeiros que se tornavam negociantes. Novos estabelecimentos tais como bancos, companhias* de transporte e seguradoras, e serviços urbanos apareceram rapidamente para servir à crescente demanda do comércio do café. Estes negócios contrataram um número crescente de moradores urbanos para trabalhos de escritório. Os lucros crescentes com o café financiaram também uma burocracia que proliferou nas capitais para fazer frente aos sempre mais complexos problemas de administração de uma região próspera. Pequenas cidades como Itu, Sorocaba e Campinas tornaram-se mais importantes como centros de distribuição de gêneros alimentícios e suprimentos numa área de monocultura que antes fora auto-suficiente. Cidades de pequeno porte, como Santos e Niterói, participaram da nova prosperidade. O crescimento urbano tornou-se característico.

Ao mesmo tempo novas atitudes foram aparecendo, divorciadas da terra e céticas com relação aos valores aristocráticos. Eram homens de atitudes modernas. As relações pessoais começaram a perder sua importância nas cidades e os homens começaram a falar com saudades dos velhos tempos, em contraste com o "instinto mercenário de nosso tempo". A idéia de que os homens devem ser recompensados de acordo com sua capacidade encontrou ampla voga. O crescimento de uma economia de exportação criou uma cultura característica, orientada para a Europa. Cidades portuárias tornaram-se cabeças-de-ponte para a civilização européia. As modas do vestuário, os hábitos alimentares, os estilos arquitetônicos e as opiniões refletiam a nova influência da Europa.

Três tipos urbanos merecem especial menção: os oficiais militares, os engenheiros e os industriais. Os oficiais não procediam da aristocracia rural mas das cidades, e durante a Guerra do Paraguai cresceu neles uma antipatia com relação a escravidão e um desprezo para com os

gênere em São Paulo "adotava cegamente a última moda", *Novidades* (Rio de Janeiro), 28 de fev. 1888, citado por STEIN, *Vassouras*, 252; FERNANDO HENRIQUE CARDOSO, Condições Sociais da Industrialização de São Paulo, *Revista Brasiliense*, n9 28 (mar.-abr. 1960), 34-37.

bacharéis formados pelas instituições tradicionais de ensino. Descontentes com sua condição, olhavam para o futuro com esperança. Intimamente ligados a eles estava um novo grupo de engenheiros, civis que ou começaram suas carreiras como engenheiros militares ou foram preparados na Escola Central, criada em 1858 e que a partir de 1874 passou a ser chamada Instituto Politécnico. Um deles expressou o descontentamento comum da classe ao exclamar: "Oh!, como é miserável a posição de engenheiro no Brasil." A industrialização criou no Brasil um novo grupo. A Guerra do Paraguai estimulou muito o consumo dos manufaturados, que cresceu depois da guerra. Pelos meados da década de 1870 as fundições de ferro, as indústrias têxteis, as fábricas de calçados e chapéus mostravam um crescimento significativo. A indústria têxtil deixou as decadentes áreas ao norte da Bahia para a próspera região centro-sul, onde a tradição industrial encontrou seu real ponto de partida. Aos oficiais do Exército, engenheiros e industriais uniram-se outros profissionais. Apesar de sua formação em escolas tradicionais de Direito e Medicina, foram impelidos por seu contato com a sociedade urbana a adotar os novos valores da cidade e as novas idéias importadas da Europa[6].

Nesta altura, os centros urbanos estavam cheios não só de um número sempre maior de negociantes e burocra-

6. NÍCIA VILLELA LUZ, O Papel das Classes Médias Brasileiras no Movimento Republicano, *Revista de História*, nº 57 (jan.-mar. 1964), 21; JOAQUIM NABUCO, *Um Estadista do Império, Nabuco de Araújo: Sua Vida, suas Opiniões, sua Época*, 2 vols. (São Paulo e Rio de Janeiro, 1936), I, 188-189; JOAQUIM NABUCO, *Minha Formação*, Coleção Documentos Brasileiros, 90 (Rio de Janeiro, 1957), 188; PÉRICLES MADUREIRA DO PINHO, *Luís Tarquínio, pioneiro da justiça social no Brasil* (Bahia, 1944), 71, 73; FRANCISCO CLEMENTINO DE SAN TIAGO DANTAS, *Dois Documentos de Rui Barbosa: Conferências* (Rio de Janeiro, 1949), 18-19; PERCY ALVIN MARTIN, Causes of the Collapse of the Brazilian Empire, *HAHR*, IV (fev. 1921), 4-48; ANDRÉ REBOUÇAS, *Diário e Notas Autobiográficas*, org. ANA FLORA e INACIO JOSÉ VERÍSSIMO, Documentos Brasileiros, 12 (Rio de Janeiro, 1938), 134; NÍCIA VILLELA LUZ, O Industrialismo e o Desenvolvimento Econômico do Brasil, *Revista de História*, nº 58 (out.-dez. 1963), 276; NELSON WERNECK SODRÉ, *História da Burguesia Brasileira*, Retratos do Brasil, 2 (Rio de Janeiro, 1964), 151; STANLEY J. STEIN, *The Brazilian Cotton Manufacture: Textile Entreprise in an Underdeveloped Area, 1850-1950* (Cambridge, Mass., 1957), 21.

tas diretamente ligados à economia de exportação, mas também de empresários industriais, engenheiros, oficiais, e os filhos da velha aristocracia que absorveram os valores destes novos grupos. Partilharam o interesse pela mudança e pelo "progresso", a crença numa sociedade caracterizada pela mobilidade social e pelo individualismo e numa economia dominada pela mola do lucro.

Eles também eram quase invariavelmente contrários à escravidão. Isso era especialmente verdadeiro com relação aos homens ligados à indústria. Todo seu modo de encarar a vida exigia a liberdade de todos os homens para que fossem livremente contratados, despedidos, pagos, movimentados — unidades a serem juntadas e desmembradas onde e como os imperativos econômicos o exigissem. Os empresários brasileiros geralmente estavam empenhados na abolição da escravatura. Lamentavam-se de que a escravidão reduzisse a capacidade de formação de capital e o vinculasse a uma mão-de-obra inamovível. Um industrial baiano dizia que a melhor proteção que o governo podia dar à indústria era acabar com a escravidão. André Rebouças, organizador de uma companhia de docas, insistia em que "sem liberdade não há indústria. A liberdade é a mãe e o anjo da guarda de toda indústria". Uma nascente associação de industriais uniu as duas maiores sociedades abolicionistas, já em 1881, na luta pela supressão da escravatura. Os estudantes e professores da escola de engenharia — a sementeira da nova elite progressista e com tendência à industrialização — formaram uma sociedade abolicionista, e foi "em nome da engenharia brasileira" que um deles saudou a aprovação final da lei abolicionista. Os industriais acreditavam que a substituição da mão-de-obra escrava pela livre era a solução para o problema do trabalho no Brasil. A liderança dos fazendeiros de café de São Paulo transformados em construtores de estradas de ferro mostrou-se ativa na importação de trabalhadores europeus para substituir o braço escravo[7].

7. Discurso de Domingos de Andrade Figueira, 11 de outubro, 1882. Brasil. Congresso. Câmara dos Deputados, *Anais*, 1822, V, 356 (A posição de Andrade Figueira está cheia de ambigüidade); LUÍS TARQUÍNIO, *Direitos de importação em ouro. Cartas dirigidas ao Ministro da Fazenda, cons. Ruy Barbosa e ao dr. Aristides Galvão de Queiroz, seguidas de considerações sobre as tarifas do Brasil e da União Americana* (Bahia, 1890), 32; ANDRÉ REBOU-

A crescente necessidade de mão-de-obra numa economia cafeeira em expansão e a ascensão de grupos urbanos descontentes com a escravatura como sistema tornou a abolição uma necessidade. Por que então, pode alguém perguntar, os primeiros passos em direção à abolição foram dados no fim da década de 1860 e nos primeiros anos de 1870, antes que estas duas forças pudessem ser consideradas muito fortes? E por que o tráfico de negros era proibido desde 1850? A resposta a estas duas perguntas deve ser encontrada na pressão exercida pela Inglaterra.

Os esforços britânicos para destruir o tráfico de escravos foi muito discutido e não há necessidade de que aqui nos detenhamos nele. Uma longa sucessão de tratados, legislação antiescravista e, finalmente, a invasão real dos portos brasileiros por navios britânicos são fatos que mostram claramente a disposição britânica de alcançar este objetivo. Nem há necessidade de atribuir à Inglaterra a responsabilidade pelo fim do tráfico de escravos. Provavelmente ambas as nações merecem algum crédito. A Inglaterra exerceu pressão num tempo em que o governo brasileiro estava orgulhoso pelo recente controle estabelecido sobre toda a nação e estava preocupado com as iminentes dificuldades diplomáticas e militares no Rio da Prata. Ao mesmo tempo, a momentânea abundância de novos escravos ajudou a levar a cabo a aprovação e a rigorosa aplicação da lei antiescravista[8]. Assim as enérgicas ações britâ-

ÇAS, *Agricultura Nacional, Estudos Econômicos; Propaganda Abolicionista e Democrática* (Rio de Janeiro, ·1883), 10; *O Abolicionista; Órgão da Sociedade Brasileira Contra a Escravidão* (Rio de Janeiro), nº 8, 1 de junho, 1881, p. 8 e nº 1, 1 de novembro de 1880, p. 8; REBOUÇAS, *Diário*, 299-302; FRANCISCO PICANÇO, Estradas de Ferro, *Imprensa Fluminense* (Rio de Janeiro), 20 de maio de 1888, p. 2; IRINEO EVANGELISTA DE SOUZA, VISCONDE DE MAUÁ, *Autobiografia ("Exposição aos Credores e ao Público") Seguida de "O Meio Circulante no Brasil"*, 2. ed., Depoimentos Históricos (Rio de Janeiro, 1942), 222; ADELINO R. RICCIARDI, Parnaíba, o Pioneiro da Imigração, *Revista do Arquivo Municipal de São Paulo*, IV, nº 44 (1938), 137-184; NAZARETH PRADO (org.), *Antonio Prado no Império e na República: Seus Discursos e Actos Colligidos e Apresentados por sua Filha* (Rio de Janeiro, 1929), 30; CAROLINA NABUCO, *The Life of Joaquim Nabuco*, trad. e org. Ronald Hilton (Stanford, Calif., 1950), 80.

8. ALAN K. MANCHESTER, *British Preeminence in Brazil; Its Rise and Decline: A Study in European Expansion* (Chapel Hill, 1933), 265; NABUCO, *Estadista do Império*, I, 165; ANTONIO

nicas uniam-se às circunstâncias propícias no Brasil para pôr fim ao tráfico de escravos.

É menos conhecido o fato de que a Inglaterra continuou fazendo pressão sobre o governo de D. Pedro II, nas décadas de 1850 e 1860, até que o Brasil manifestou a firme decisão de pôr fim à escravatura. Enquanto a lei que libertava os filhos dos escravos nascidos depois de 28 de setembro de 1871 é habitualmente considerada o primeiro indício de uma campanha abolicionista, na realidade foi a conclusão da fase britânica da história que havia começado quarenta anos antes.

As medidas britânicas para atacar a instituição da escravatura giravam em torno de três questões. Em pri-

---

FERREIRA CESARINO JÚNIOR, A Intervenção da Inglaterra na Supressão do Tráfico de Escravos Africanos para o Brasil, *Revista do Instituto Histórico e Geográfico de São Paulo* XXXIV (1938), 145-166, esp. 164. Para ulterior exame do problema do tráfico de escravos ver ALFREDO GOMES, "Achegas para a História do Tráfico Africano no Brasil – Aspectos Numéricos", in *Anais do IV Congresso de História Nacional*, Instituto Histórico e Geográfico Brasileiro (1949), V (1950), 29-78; WILLIAM LAW MATHIESON, *Great Britain and the Slave Trade, 1839-1865* (Londres, 1929); CHRISTOPHER LLOYD, *The Navy and the Slave Trade; the Suppression of the African Slave Trade in the Nineteenth Century* (Londres, 1949); JANE ELIZABETH ADAMS, The Abolition of the Brazilian Slave Trade, *Journal of Negro History*, X (out. 1925), 607-637; LAWRENCE F. HILL, The Abolition of the African Slave Trade to Brazil, *HAHR*, XI, (maio 1931), 169-197; WILBUR DEVEREUX JONES, The Origins and Passage of Lord Aberdeen's Act, *HAHR*, XLII (nov. 1962), 502-520; LESLIE M. BETHEL, Britain, Portugal and the Suppression of the Brazilian Slave Trade: the Origins of Lord Palmerston's Act of 1839, *English Historical Review*, LXXX (out. 1965), 761-784; MAURÍCIO GOULART, *Escravidão Africana no Brasil (Das Origens à Extinção do Tráfico)*, (São Paulo, 1949), 219-263; EVARISTO DE MORAES, *A Escravidão Africana no Brasil (Das Origens à Extinção)*, Brasiliana, 23 (São Paulo, 1933), 65-99; MAURÍLIO GOUVEIA, *História da Escravidão* (Rio de Janeiro, 1955), 115-135; MANOEL ÁLVARO SOUSA SÁ VIANNA, O Tráfico e a Diplomacia Brasileira, *Revista do Instituto Histórico e Geográfico Brasileiro*; tomo especial consagrado ao primeiro Congresso de História Nacional (1914), V (1917), 539-564; AFFONSO DE ESCRAGNOLLE TAUNAY, "Subsídios para a História do Tráfico Africano no Brasil", in *Anais do Museu Paulista*, X, 2ª parte (1941), 257-272; e, sob os aspectos legislativos, JOÃO LUIZ ALVES, A Questão do Elemento Servil. A Extinção do Tráfico e a Lei da Repressão de 1850. Liberdade dos Nascituros, *RIHGB*, tomo especial. . . primeiro Congresso de História Nacional, IV (1916), 187-258.

meiro lugar, milhares de africanos tinham entrado no país desde 1831, violando as leis e os tratados brasileiros. Outra questão referia-se aos negros encontrados a bordo de navios negreiros e supostamente libertados pelo Tribunal da Comissão Mista, mas de um modo ou de outro privados de sua liberdade. Finalmente, e mais importante, era a questão abstrata da própria escravidão.

O ministro britânico no Brasil nos primeiros anos da década de 1860, William D. Christie, exerceu constante pressão sobre estas questões. Em 1862, escreveu ao Ministro do Exterior, Lord John Russell: "Em várias ocasiões sugeri à Sua Excelência a importância de empenhar-se, se possível, em... persuadir o governo brasileiro quanto às medidas tendentes à extinção definitiva da escravidão, e, enquanto isto, mitigar os males". Preocupava-o, de modo particular, a sorte dos africanos supostamente libertados pelo Tribunal da Comissão Mista, e quando o governo brasileiro os libertou em 1864, ele atribuiu o fato às represálias que havia levado a cabo no ano anterior sob outro pretexto[9].

Ainda mais importantes, estas represálias foram diretamente responsáveis pelo início de amplas medidas em direção à emancipação. Já em 1864 o imperador expressava o temor de que se o Brasil não tomasse as medidas para pôr fim à escravidão, a Inglaterra poderia tomar a iniciativa como o tinha feito com o tráfico negreiro. Semelhantes. temores foram expressos no Senado. D, Pedro insistiu na aprovação da lei que concedia a liberdade a todos

9. Sérgio Teixeira de Macedo a Paulino José Soares de Sousa, Londres, 8 de outubro de 1852. Arquivo Histórico do Itamarati, 217/3/7, nº 18; Consulta do Conselho de Estado, 2 de março de 1857. In NABUCO, *Estadista do Império*, II, 438-439; WILLIAM DOUGAL CHRISTIE, *Notes on Brazilian Questions* (Londres e Cambridge, 1865) xxxiv-xxxviii, 10, 13, 21, 22, 49, 66, 83-84; EVARISTO DE MORAES, *A Campanha Abolicionista (1879-1888)* (Rio de Janeiro, 1924), 190; MANCHESTER, *British Preeminence*, 232-233; Discurso de José Maria da Silva Paranhos (19), 7 de junho de 1864. Brasil. Congresso. Senado. *Anais*, 1864, II, 56; RICHARD GRAHAM, Os Fundamentos da Ruptura de Relações Diplomáticas entre o Brasil e a Grã-Bretanha em 1863; "A Questão Christie", *Revista de História*, nº 49 (jan.-mar. 1962), 122-123, nº 50 (abr.-jun., 1962), 397; o sentimento brasileiro em favor dos *emancipados* também foi inspirado pelos ingleses, AURELIANO CÂNDIDO TAVARES BASTOS, *Cartas do Solitário*, 3. ed., Brasiliana, 115 (São Paulo, 1938), 138-145, 463-465.

aqueles que viriam a nascer de mãe escrava a partir de certa data. Seus principais argumentos apresentados no Conselho de Estado foram o temor de eventuais revoltas dos escravos e a possibilidade de intervenção estrangeira. Durante o ano de 1865 foi submetida ao Conselho de Estado uma lei que tratava deste assunto, e em maio de 1867 referiu-se à questão escravista na Fala do Trono, a primeira indicação pública de que o Império poderia considerar a abolição da escravatura. O Brasil reagiu com horror e silêncio, mas a Inglaterra preparava-se para revogar sua arbitrária legislação contra o tráfico negreiro. O resultado final foi a lei de 1871, que concedeu a liberdade aos filhos de escravos nascidos a partir daquela data, embora tivessem que trabalhar até a idade de vinte e um anos a título de compensação. Embora nada se dissesse sobre a eventual abolição, era evidente que a escravatura no Brasil estava votada à destruição[10]. É claro que a pressão inglesa foi responsável por esta lei, visto que nem os fazendeiros do café de São Paulo nem os novos grupos urbanos ainda haviam emergido para exercer influência política nesta direção.

Alguns historiadores sugeriram que a influência britânica com relação à abolição era devida menos ao humanitarismo do que a um desejo de aumentar o poder aquisitivo do mercado brasileiro frente às mercadorias inglesas. De

10. D. Pedro II, "Apontamentos", 14 de janeiro de 1864. Arquivo do Museu Imperial de Petrópolis, Maço CXXXIV, Doc. 6553. In HÉLIO VIANNA, Instruções de D. Pedro II aos presidentes do Conselho, Zacarias e Furtado, *Jornal do Comércio*, 3 de julho de 1964; HEITOR LYRA, *História de D. Pedro II, 1825-1891*, Brasiliana, 133, 3 vols. (São Paulo, 1938-1940), II, 236; Discurso de Ângelo Moniz da Silva Ferraz, 6 de junho, 1864. Brasil. Congresso. Senado. *Anais*, 1864, II, 49; CONSELHO DE ESTADO [José Antonio Pimenta Bueno, Marquês de São Vicente, *et al.*], *Trabalho sobre a Extincção da Escravatura do Brasil* (Rio de Janeiro, 1868), 6, 62-63, 89, 93; JOAQUIM SALDANHA MARINHO, *A Monarchia e a Política do Rei* (Rio de Janeiro, 1885), 53; o Ato Aberdeen foi revogado em 1869, MANCHESTER, *British Preeminence*, 264; JOSÉ MARIA DOS SANTOS, *Os Republicanos Paulistas e a Abolição* (São Paulo, 1942), 30, 49-50, 56; NABUCO, *Estadista do Império*, I, 565-570, II, 15-54. Embora houvesse aí referências ocasionais à Guerra Civil Americana, aquele triste exemplo parece não ter sido muito importante nas mentes daqueles que impulsionavam movimentos de emancipação. Percebiam corretamente as diferenças nas respectivas situações dos dois países.

fato, as pessoas raramente são tão previdentes. Os resultados da abolição eram incertos; isso poderia ter mergulhado o Brasil num período de caos e declínio econômico. Os negociantes ingleses no Rio e os donos das indústrias têxteis de Manchester protestaram ruidosamente contra as ações violentas de Christie, e ele não hesitou em dizer que eles estavam ajudando a escravatura no Brasil. Uma explicação mais defensável e sofisticada é aquela segundo a qual os valores da classe média tendiam a dominar toda a nação britânica, e a escravidão e o tráfico escravista se opunham a estes valores. O direito de ser senhor de si mesmo era o mais básico de todos os direitos individuais e uma ameaça a este direito em qualquer parte do mundo era uma ameaça à validade de todos aqueles direitos que a classe média inglesa considerava essenciais. Para os ingleses daquele tempo não se tratava mais de ponderar os prós e contras e de medir as vantagens ou desvantagens econômicas da escravatura. Estava em jogo um princípio essencial de seu estilo de vida. E por sinal a escravatura suscitou a oposição nos setores brasileiros que atacavam uma sociedade tradicional, pré-industrial e não individualista[11].

No fim da década de 1870, a situação era favorável ao movimento abolicionista. Uma economia em expansão voltada par a exportação exigia mais trabalho. Era evidente que mais cedo ou mais tarde a escravatura chegaria ao fim e que não era mais possível conseguir escravos nem importando-os da África nem por procriação. Por fim,

---

11. LÍDIA BESOUCHET, *Mauá e seu Tempo* (São Paulo, 1942), 84; JOVELINO M. DE CAMARGO, JR., "A Inglaterra e o Tráfico", in GILBERTO FREYRE *et al., Novos Estudos Afro-brasileiros* (segundo tomo). Trabalhos apresentados no 1º Congresso Afro-brasileiro de Recife. Biblioteca de Divulgação Scientífica, 9 (Rio de Janeiro, 1937); Barão de Mauá a Pedro de Araújo Lima, Marquês de Olinda, Rio, 1 e 3 de janeiro, 1863. AMIP, Maço CXXXIII, Doc. 6546; Carlos Américo Sampaio Vianna a João Maurício Wanderley, Barão de Cotegipe, Rio, 21 de janeiro e 10 de março, 1863. In JOSÉ WANDERLEY PINHO, *Cotegipe e seu Tempo: Primeira Phase, 1815-1867*, Brasiliana, 85 (São Paulo, 1937), 680-682; CHRISTIE, *Notes on Brazilian Questions*, XXXIII, liv, lxix, 133-134, 137; ERIC WILLIAM, *Capitalism and Slavery* (Chapel Hill, 1944), 169-177; ROQUE SPENCER MACIEL DE BARROS, *A Ilustração Brasileira e a Idéia de Universidade*, Universidade de São Paulo, Cadeira de História e Filosofia da Educação, *Boletim*, nº 241, nº 2 (São Paulo, 1959), 87-88.

os novos grupos urbanos viam na escravidão um impedimento não só a seu sucesso financeiro mas à propagação de sua cosmovisão. A maneira como estas forças gerais passaram à ação concreta é de importância decisiva para a compreensão deste período da história brasileira. Para maior clareza, é melhor dar um salto à frente, começar com as causas diretas da ação parlamentar tendente à libertação dos escravos, e depois voltar para mostrar a importância destas amplas tendências.

A causa imediata mais importante da abolição foi a fuga dos escravos das fazendas de café de São Paulo e Rio. Nos dois anos que antecederam a abolição da escravatura, pela lei sancionada em maio de 1888, um número enorme de escravos revoltou-se contra a autoridade por sua conta e risco, fugindo das fazendas, no começo secretamente, um a um, e depois em massa e de maneira quase pública. Os fazendeiros nada podiam fazer por si mesmos contra este tipo de ação direta, e, pela primeira vez, a dicotomia entre a cidade e o campo tornou-se evidente, porque no sistema de fuga as cidades desempenham um papel essencial, como agentes das forças de mudança. Rio, Niterói, Petrópolis, Campos, Santos, São Paulo e cidades menores da região cafeeira tornaram-se virtualmente cidades livres para o escravo, visto que foram tomadas medidas para ajudá-lo, a exemplo do Estado do Ceará, onde a escravatura foi abolida já em 1884. Moradores da cidade empreenderam também ações legais para provar que ele era ameaçado ilegalmente, ou deram-lhe asilo permanente[12].

Em São Paulo, Antonio Bento de Souza e Castro organizou um sistema pelo qual os escravos eram atraídos para fora das fazendas, colocados em trens ou guiados a pé para Santos, e instalados em favelas. Teve também a temeridade de oferecer escravos foragidos aos fazen-

---

12. MORAES, *Campanha Abolicionista*, 223-234; HARING, *Empire in Brazil*, 102; FERNANDES, "Do Escravo ao Cidadão", 46; mesmo Ouro Preto desempenhou este papel, OILIAM JOSÉ, *A Abolição em Minas* (Belo Horizonte, 1962), 95; RAIMUNDO GIRÃO, *A Abolição no Ceará* (Fortaleza, 1956); quanto ao papel desempenhado pelas cidades ver, de modo geral, *O Abolicionista*, nº 1, 1 de novembro de 1880, p. 8, ASSOCIAÇÃO COMERCIAL do Rio de Janeiro, *Resposta da Associação Commercial do Rio de Janeiro aos quesitos da Commissão Parlamentar de Inquérito* (Rio de Janeiro, 1883), 20.

deiros como trabalhadores assalariados durante a época da colheita. As próprias estradas de ferro que haviam possibilitado a extensão da agricultura cafeeira agora estavam a serviço do escravo. Como se expressou um historiador: "Não havia trem de passageiros ou de carga no qual um escravo foragido não pudesse encontrar meio de esconder-se, e não havia estação onde não houvesse alguém a recebê-lo e a ajudá-lo discretamente." Quase todos os ferroviários eram considerados abolicionistas, e os chefes não eram os menos entusiastas. Em Santos, onde todos os escravos do lugar haviam sido libertados em 1886 por subscrição pública, os escravos que chegavam pelo "trem subterrâneo" eram imediatamente abrigados nos subúrbios da cidade. Aí chegaram a serem reunidos dez mil[13].

A história em outras cidades era bastante parecida. No Rio de Janeiro, centro do movimento abolicionista, não havia dificuldade em encontrar asilo temporário nas casas das pessoas interessadas, de onde eram empurrados para a área suburbana do Leblon. Petrópolis também se tornou um paraíso para fugas. Em Campos, a ação direta assumiu uma forma sempre mais aberta, visto que aí Luiz Carlos de Lacerda incitava os escravos à revolta e atribuía-se-lhe a responsabilidade pela queima de canaviais[14].

Por que o governo não sustou a fuga em massa de escravos? Embora tanto o governo provincial como o central tomassem iniciativas de tempos em tempos, logo ficou claro que seus agentes, muitos dos quais eram burocratas de segunda geração com passado urbano, não mostravam empenho na repressão dos escravos foragidos. O governo estava sediado na cidade, e os esforços para conter

13. SANTOS, *Republicanos Paulistas,* 170-171, 179, 181-182; FRANCISCO MARTINS DOS SANTOS, *História de Santos. . . 1532-1936,* 2 vols. (São Paulo, 1937), II, 27, 33; MORAES, *Campanha Abolicionista,* 261-266; ver a atitude com relação à escravatura do diretor da estrada de ferro J. J. AUBERTIN, Comunicado. Ilms. Amigos e Snrs. Fazendeiros de S. Paulo, *Correio Paulistano,* 3 de janeiro de 1867, p. 2.

14. MORAES, *Campanha Abolicionista,* 155-156, 238-250; REBOUÇAS, *Diário,* 312; cf. OCTAVIO IANNI, *As Metamorfoses do Escravo. Apogeu e Crise da Escravatura no Brasil Meridional,* Corpo e Alma do Brasil, 7 (São Paulo, 1962), 228-229; não se faz menção destes acontecimentos em CLOVIS DE MOURA, *Rebeliões da Senzala (Quilombos, Insurreições, Guerrilhas)* (São Paulo, 1959).

o trem subterrâneo deparava-se aí, a cada momento, com a oposição civil. É especialmente significativo que as Forças Armadas eram recrutadas das cidades, de modo particular os oficiais. Durante anos, as escolas militares foram os locais das sociedades abolicionistas. São muitas as provas da relutância militar em agir como caçadores de escravos, até que em outubro de 1887 o Clube Militar, composto de elementos proeminentes do Exército, dirigiu petição à princesa regente no sentido de serem dispensados de caçar os escravos. A aristocracia rural tendia para uma timidez sempre maior diante das exigências dos oficiais sempre mais arrogantes, e os militares conseguiam o que queriam. Alguém chegou a sugerir que, se porventura as câmaras não tivessem sancionado a lei da abolição de 1888, as cidades ter-se-iam revoltado, e os militares não teriam defendido o regime[15].

Podemos ver a cooperação das classes urbanas no humorístico incidente verificado em Santos. O governo da Província enviou um trem carregado de tropas para capturar escravos aí foragidos. Quando o trem entrou na estação, os soldados viram-se cercados por influentes matronas da cidade que se apinharam nas portas dos carros, impedindo-os de sair. O chefe do trem persuadiu o indiferente comandante da expedição a render-se à *força maior* e voltar para a capital da Província[16]. Nem os soldados nem os representantes dos novos grupos urbanos estavam interessados em proteger a propriedade humana dos latifundiários.

Finalmente, durante os primeiros meses de 1888, os fazendeiros começaram a libertar seus próprios escravos para evitar que estes abandonassem as fazendas. Em

---

15. REBOUÇAS, *Diário*, 309; OSÓRIO DUQUE ESTRADA, *A Abolição (Esboço Histórico – 1831-1888)* (Rio de Janeiro, 1918, 96-101; MARIA STELLA NOVAES, *A Escravidão e a Abolição no Espírito Santo: História e Folclore* (Vitória, 1963), 134; MORAES, *Campanha Abolicionista*, 33, 167, 248, 312-314, 322-323; JUNE EDITH HAHNER, *The Role of the Military in Brazil, 1889-1894*, tese M.A. não-publicada, Cornell University, 1963, pp. 4-13; os soldados do exército eram considerados pouco dignos de confiança, visto que eram geralmente negros e mulatos, HASTINGS CHARLES DENT, *A Year in Brazil, with Notes on Abolition of Slavery. . .* (Londres, 1886), 287.

16. SANTOS, *Republicanos Paulistas*, 184.

maio calculava-se que a metade dos escravos existentes na região de Campos, seis meses antes, estava livre, e que um terço das fazendas de São Paulo era cultivado por escravos recentemente libertados. Dado que o processo então em andamento teria virtualmente posto fim à escravidão dentro de poucos meses, a lei que abolia a escravatura era em grande parte uma formalidade. Um antiabolicionista perguntava:

> Para que uma lei abolicionista? A abolição já está consumada – e revolucionariamente. Os espantados senhores procuram deter o êxodo dando liberdade imediata aos escravos[17].

Com isso não se quer subestimar o papel das idéias abolicionistas no processo da supressão da escravatura. Os abolicionistas empreenderam árduo trabalho para persuadir os escravos a abandonarem as fazendas. A Confederação Abolicionista no Rio assalariou vendedores ambulantes italianos para circularem entre os escravos e distribuírem folhetos por todo o interior. É de se presumir que estes fossem lidos aos escravos analfabetos. Os capatazes mataram alguns destes vendedores, mas as notícias continuaram se espalhando. Os abolicionistas também transformaram a Confederação num ponto de encontro para comunicar sua mensagem àqueles escravos que passavam pela cidade com seus senhores. Quando retornavam, estes escravos levavam consigo a idéia da fuga e a certeza de que eles e seus companheiros seriam ajudados e protegidos[18].

Um tipo de proteção refletia também o sucesso dos abolicionistas em mudar as atitudes dos magistrados brasileiros. Os abolicionistas descobriram o expediente de levar ao tribunal o caso dos escravos importados a partir de 1831, responsabilizando pela escravização ilegal de pessoas livres. Inicialmente este esforço teve pouco sucesso, e no

---

17. MORAES, *Campanha Abolicionista*, 304-309, 321-325, 339; FERNANDES, "Do Escravo ao Cidadão", 49-50; STEIN, *Vassouras*, 253-255; Cotegipe a Francisco Ignácio de Carvalho Moreira, Barão de Penedo, Petrópolis, 8 de abril de 1888. In RENATO MENDONÇA, *Um Diplomata na Corte de Inglaterra; o Barão de Penedo e sua Época*, Brasiliana, 219 (São Paulo, 1942), 397.

18. DUQUE ESTRADA, *A Abolição*, 102; DENT, *Year in Brazil*, 285-286.

começo da década de 1880 os abolicionistas ainda podiam dizer, referindo-se à lei já qüinquagenária, que "os juízes deste país ou não sabem ler ou não sabem contar". Em breve, contudo, alguns juízes, movidos pela própria força da campanha abolicionista, começaram a proferir sentenças favoráveis. A partir de 1883, poucos tribunais negavam a liberdade ao escravo que provasse que ele ou seus pais tinham sido introduzidos no país depois de 1831, e certa ocasião um advogado garantiu a liberdade a 716 escravos invocando esta lei. Mais tarde os juízes atribuíram ao dono o ônus da prova. A vigorosa campanha de palavras e de idéias que precedeu e acompanhou a fuga das fazendas produziu frutos[19].

Foi a força e a eficácia da cruzada abolicionista que persuadiu amplos segmentos da população urbana a aceitar o fato ou contribuir para o sucesso do movimento. Não fosse o constante esforço abolicionista provando o anacronismo da escravidão numa época de "progresso", seria duvidoso que os oficiais se recusassem a cooperar na preservação do *status quo*. Também outros grupos cooperaram na fuga dos escravos que se coroou de sucesso.

Esta campanha abolicionista, que teve seu início em 1879, foi examinada pormenorizadamente por outros, e assim não é necessário falar muito dela aqui[20]. Durante a década de 1880, jornalistas e publicistas levaram a mensagem aos lares da classe média urbana. Sociedades abolicionistas com financiamento garantido encarregaram-se da direção da campanha de muitas facetas. Estas associações apresentaram uma série de conferências, quase uma cada semana, e entre os pretensos modernistas tornou-se

19. *O Abolicionista*, nº 12, 28 de setembro de 1881, p. 8; MORAES, *Campanha Abolicionista*, 182 e ss., 203.

20. O melhor estudo que se conhece é o de MORAES, *Campanha Abolicionista*, mas ele deixa de interpretar os próprios fatos que relata a respeito das fugas de escravos. Cf. seus breves resumos in *A Escravidão Africana no Brasil*, 147-247, e Da Escravidão – da Supressão do Tráfico à Lei Áurea, *RIHGB*, tomo especial: Congresso Internacional de História da América, 1922 (Rio de Janeiro, 1927), III, 270-313. Ver também DUQUE ESTRADA, *A Abolição*; e AFFONSO TOLEDO BANDEIRA DE MELLO, A Escravidão – Da Supressão do Tráfico à Lei Áurea, *RIHGB*, tomo especial: Congresso Internacional de História da América, 1922 (Rio de Janeiro, 1927), III, 381-406. A influência da Inglaterra nos métodos e idéias dos abolicionistas será examinada num livro que estou preparando.

moda assistir a estas conferências. O menor pretexto era motivo para organizar uma demonstração, com desfiles, bandeiras e discursos. As sociedades publicavam vários jornais e usavam todos os meios possíveis para dar publicidade à causa. No Parlamento, o movimento encontrou brilhantes oradores para abrir caminho por entre as cautas meias-medidas iniciais. De 1884 a 1888, o Parlamento foi envolvido quase constantemente por este problema, e os escravistas censuraram o trabalho dos publicistas na cidade e a fuga dos escravos no campo por causa do novo interesse. Antônio Prado, um importante cafeicultor e empresário que podia falar em favor dos mais evidentes interesses rurais, assumiu a liderança das manobras parlamentares com relação à abolição e levou a obra a termo[21]. Os abolicionistas trataram com sucesso dos interesses da cidade de modo a levar novos grupos de fazendeiros a tomar posição ao lado do progresso.

No dia 13 de maio de 1888, a princesa regente assinou a Lei abolindo a escravidão no Brasil sem compensação. Durante um mês realizaram-se festas em quase todas as cidades do Brasil com fogos, discursos e desfiles. No interior, contudo, pequeno foi o júbilo. Os próprios escravos estavam desorientados sem saber o que fazer com a liberdade. Muitos andavam em bandos nas cidades à procura de seus companheiros que anteriormente haviam fugido das fazendas. Os senhores, mesmo os que haviam consentido ou cooperado nas etapas finais do movimento, estavam naturalmente aturdidos com a rapidez da transformação. No interior seguiu-se uma depressão geral. Os esforços do governo para melhorar esta situação, concedendo empréstimos aos latifundiários, serviram para fortalecer ainda mais os grupos urbanos de gerentes de bancos, organizadores de empresas, manipuladores de capitais e seus empregados.

Os efeitos da abolição foram de longo alcance. Provocou o deslocamento do poder da região canavieira do Nordeste e da velha região cafeeira do Vale do Paraíba para as novas zonas do Estado de São Paulo. Aumentou a confiança dos novos grupos urbanos e, embora sua vitória parecesse de curta duração, foi um passo importante no

---

21. MORAES, *Campanha Abolicionista*, 19, 21, 24-25, 33, 45-171, 321-353; PRADO (org.), *Antônio Prado*, 228, 243-244.

longo caminho para a modernização. Também enfraqueceu seriamente a monarquia cujos vínculos com os latifundiários são bem conhecidos. Até mesmo os ex-escravos, agora trabalhadores assalariados, embora privados do senso de vitória, deram pelo menos um passo em direção ao mundo moderno.

4. OS FUNDAMENTOS DA "QUESTÃO CHRISTIE"*

No capítulo precedente mostrei que nas décadas de 1850 e 1860 a Inglaterra exerceu constante pressão sobre o Brasil com o objetivo de pôr fim à escravatura e que esta pressão culminou com a Lei do Ventre Livre em 1871. Os pontos de referência deste processo foram as

---

* Texto traduzido por Maria Lúcia Galvão Carneiro. Anteriormente publicado sob o título: Os Fundamentos da Ruptura de Relações Diplomáticas entre o Brasil e a Grã-Bretanha em 1863: a "Questão Christie", na *Revista de História*, vol. XXXIV, n. 49 e 50 (1962), pp. 117-138, 379-402.

represálias contra o Brasil iniciadas no fim de 1862. O presente capítulo é um artigo escrito em 1958 no qual examino as alegações britânicas que levaram a estas represálias. Nessa ocasião evitei tirar a conclusão a que chegaria mais tarde com relação às razões reais destas represálias, embora a importância da questão escravista já fosse clara para mim. O trabalho está cheio de detalhes característicos de uma dissertação estudantil, mas de qualquer forma o incluo aqui por causa da luz que estes detalhes projetam sobre o caráter subjetivo e o tipo de atitude da posição anglo-brasileira.

Em fins de 1862, a Grã-Bretanha iniciou represálias contra o Brasil que levaram à ruptura das relações diplomáticas entre os dois países no ano seguinte. As represálias baseavam-se em dois incidentes: primeiro, o barco inglês *Prince of Wales* naufragara nas costas meridionais do Brasil e os britânicos reclamavam ter sido sua carga saqueada, sua tripulação talvez morta e as autoridades locais teriam negligenciado seus deveres; segundo, três oficiais do navio inglês *Forte* tinham sido aprisionados por oficiais brasileiros no Rio de Janeiro e era alegado que isto consistia um insulto à marinha de Sua Majestade. Nossa hipótese sobre a veracidade desses fatos é em sua essência negativa. Estes dois incidentes não ofereciam explicação suficiente para os acontecimentos que se seguiram. Parece que a Grã-Bretanha procurava uma ocasião para exibir o predomínio do seu poder. Fosse ou não este o real motivo para suas ações, esperamos que através de um processo de eliminação, o presente trabalho traga alguma luz sobre a questão dos motivos que determinaram os fatos. Não estudaremos apenas os dois incidentes mencionados, mas, ainda um terceiro caso que, embora não usado como razão de represália, é semelhante aos outros no que se refere à revelação da atitude britânica naqueles tempos. Examinaremos então o curso dos acontecimentos que levaram à ruptura diplomática, salientando de maneira especial a mudança gradual na posição relativa das duas nações.

Na tentativa de entender esses acontecimentos é necessário, em primeiro lugar, examinar as relações entre a Grã-Bretanha e o Brasil durante o meio século precedente. O Brasil declarou sua independência de Portugal em 1822. Mas, ao quebrar seus laços de submissão com a mãe pátria, não abandonou suas relações com a Inglaterra, amiga da Metrópole. A Inglaterra assumia, de fato, a posição de madrinha, assistindo ao batismo do Brasil no mundo das nações independentes e mais tarde assumindo a responsabilidade de fazer com que a nação adolescente permanecesse no "bom caminho". As relações econômicas e políticas que ligavam o Brasil à Grã-Bretanha eram o preço que o Brasil devia pagar pelo reconhecimento da sua independência por parte da Inglaterra (assim como de todo o mundo) em 1827[1].

O principal laço político era a pressão que a Inglaterra exercia com o fim de ver abolido o tráfico de escravos. A opinião pública britânica, influenciada pelos esforços de reformadores como Wilberforce, fez da abolição do tráfico de escravos o item-chave da política exterior da Grã-Bretanha durante a primeira metade do século XIX. Em 1826 o Brasil assinava um tratado no qual concordava em abolir o tráfico de escravos dentro de três anos e continuar com as concessões que Portugal assegurara à Grã-Bretanha em 1815 e 1817: o direito de visita e busca nos navios durante os tempos de paz e comissões mistas para julgar estes navios quando violassem os termos do tratado. O tratado devia expirar quinze anos depois da abolição do tráfico se não se fizesse novo acordo[2].

Em 1831 a abolição do tráfico de escravos foi decretada pelo Governo brasileiro. Mas, apesar disso, o tráfico, muito a contragosto dos ingleses, continuava a aumentar de modo intenso. Dificilmente poderia ser de outra maneira num país que dependia tão exclusivamente do trabalho escravo na sua vida econômica e na qual uma economia agrícola em expansão demandava um suprimento numeroso de escravos da África[3].

1. MANUEL DE OLIVEIRA LIMA, *História Diplomática do Brasil: O Reconhecimento do Império* (Rio de Janeiro, 1901?); ALAN K. MANCHESTER, *British Preëminence in Brazil, Its Rise and Decline: A Study in European Expansion* (Chapel Hill, 1933), pp. 186-187, doravante citado como MANCHESTER, *British Preëminence.*

2. MANCHESTER, *British Preëminence*, pp. 170-180, 186, 214-215; MANUEL DE OLIVEIRA LIMA, *O Império Brasileiro, 1822-1889* (São Paulo, 1927?), p. 118, doravante citado como OLIVEIRA LIMA, *O Império.*

3. MANCHESTER, *British Preëminence*, pp. 225, 238-240; JOÃO PANDIÁ CALÓGERAS, *Formação Histórica do Brasil*, 3ª edição in *Biblioteca Pedagógica Brasileira*, série 5, vol. 42 (São Paulo, 1938), pp. 186-190, citado daqui por diante como CALÓGERAS, *Formação Histórica.*

A questão do tráfico de escravos era motivo permanente de abalo nas relações anglo-brasileiras. O Governo inglês reclamava que o Brasil não cumpria os termos dos tratados ao adotar um sistema de aprendizagem para resolver os casos dos africanos encontrados nos navios condenados perante a comissão mista sediada no Rio. A estes africanos eram dados certificados de emancipação de modo que eram chamados de "emancipados"; mas os diplomatas ingleses diziam que a sorte que lhes estava reservada era pior que a dos escravos propriamente ditos e solicitavam à fiscalização da sua situação e que fossem considerados completamente livres o mais breve possível[4].

O Governo brasileiro também encontrava muito do que se queixar nas comissões mistas. Navios que não conduziam escravos, ainda que carregando equipamento para o tráfico de escravos, eram apreendidos ilegalmente sem indenização posterior; algumas vezes eram concedidas indenizações mas elas não eram pagas; e outras vezes o pagamento posterior pelo prejuízo causado aos navios apresados era pequeno e injusto. O Brasil continuou, sem resultado, a lutar pelo reconhecimento de suas queixas até 1863, mesmo durante outras controvérsias[5].

Em 1845 as relações entre os dois países entraram numa fase de um novo e maior esforço de parte a parte. Tinham decorrido quinze anos desde a abolição formal do tráfico de escravos; o Brasil declarava, então, que as comissões mistas e o direito de visita e busca aos navios suspeitos estavam findos; resolutamente o Brasil recusava renovar ou estender os acordos antigos. Lord Aberdeen então anunciou que a Grã-Bretanha teria de agir de forma unilateral. Assegurou que o primeiro artigo da convenção de 1827, definindo o tráfico de escravos como pirataria, era perpétuo. Solicitou autorização ao Parlamento para assegurar as visitas e buscas aos navios suspeitos e seu julgamento como piratas perante os tribunais do Almirantado. Isto tornou-se lei em agosto de 1845, e, desde então é conhecida como o *Aberdeen Act*[6].

4. MANCHESTER, *British Preëminence*, pp. 180-182, 230-231.

5. *Ibid.*, pp. 233-237.

6. *Ibid.*, pp. 245-250; CALÓGERAS, *Formação Histórica*, pp. 235-238.

A notícia desse acontecimento causou grande tumulto no Brasil. Os brasileiros argumentavam que nenhuma nação tinha jurisprudência sobre os cidadãos de outro país ou sobre sua propriedade; visita e busca nos navios em tempo de paz eram ilegais; e que a convenção que definia o tráfico de escravos como pirataria expirara, e, com ela, todas as suas estipulações. Mas, esses argumentos não impediram o Governo britânico de fazer cumprir as cláusulas do ato[7].

Os efeitos do *Aberdeen Act* tornaram-se também causa de controvérsia entre a Grã-Bretanha e o Brasil. Os britânicos diziam ter sido devido à execução deste ato — particularmente em 1850 quando os navios britânicos entravam nos portos brasileiros — o fato do tráfico de escravos estar praticamente no fim em 1853. Os brasileiros, entretanto, salientavam ser principalmente devido às mudanças da situação brasileira que determinaram o fim do tráfico. De 1831 a 1840 o Brasil tinha sido governado por uma Regência em face da minoridade do jovem Dom Pedro II. Forças centrífugas tentavam desintegrar o Império e os regentes faziam todo o possível para manter a paz e a ordem. Mesmo quando, com a idade de quinze anos, a maioridade de Dom Pedro foi declarada, continuavam a ter lugar as explosões internas. Mas, em 1849, a última das rebeliões antes de 1889, a "Praieira" na província de Pernambuco terminara, e os dirigentes do Império estavam prontos para volver seus olhos para outras questões. Por este tempo Dom Pedro assumiu a direção pessoal do Império, aumentando, com seu prestígio e autoridade, o poder do governo central. Ainda que a maior parte do crédito pela redução da escravidão na era moderna possa ser talvez dado com justiça à Inglaterra, pode-se de modo plausível considerar como resultado do desenvolvimento interno do Brasil o fato de, em setembro de 1850, um ato obrigatório e drástico ter sido baixado com o fim de suprimir o tráfico de escravos[8]. Se foi a mudança da situação brasileira, a pressão inglesa, ou ambas, a causa da supressão do tráfico escravo em 1853 permanecerá, talvez, como um ponto de debate. Mas o desejo dos ingleses de provar ser devido às suas ações

7. MANCHESTER, *British Preëminence*, pp. 250-252.
8. *Ibid.*, pp. 256, 259-265; OLIVEIRA LIMA, *O Império*, pp. 118-119; CALÓGERAS, *Formação Histórica*, pp. 238-241.

o resultado atingido e que sem a vigilância inglesa nada teria sido conseguido, é típico da atitude britânica no curso das negociações agora em estudo.

Quase todos os problemas que afetaram as relações anglo-brasileiras, refletiram-se nas ações de William Dougal Christie (1816-1874), ministro inglês no Brasil. Como figura proeminente desse estudo, este personagem merece especial atenção. Dez anos após graduar-se por Cambridge, entrou para o serviço diplomático. Foi no princípio cônsul geral do território Mosquito, depois secretário de legação na Confederação Suíça, em seguida ministro na Argentina, e, finalmente em 1859, ministro no Brasil[9].

Sua atitude com referência ao Brasil é causa de muita controvérsia. Quando, mais tarde, foi acusado na imprensa inglesa de hostilidade a este país, respondeu que

a hostilidade pela qual sou acusado é a convicção chegada com relutância e vagarosamente... do governo brasileiro não fazer justiça senão pelo medo[10].

Sua atitude geral é talvez revelada quando escreveu:

os ingleses amigos do Brasil serão ainda mais seus amigos se o advertirem a atender pronta e respeitosamente às pretensões justas do governo inglês[11].

Nos debates havidos na Câmara dos Comuns em 1863 sobre a questão brasileira, Christie foi acusado de disputar com os ministros da Rússia, Áustria, Prússia e mesmo com o Núncio Papal[12]. Foi dito também que ele entregara "despachos insultosos"[13].

9. RICHARD GARNETT, "William Dougal Christie", *Dictionary of National Biography*, ed. Leslie Stephen (Londres, 1887), X, 288-289.

10. WILLIAM DOUGAL CHRISTIE, *Notes on Brazilian Questions* (Londres, 1865), p. lxvii, doravante citado como CHRISTIE, *Notes.*

11. WILLIAM DOUGAL CHRISTIE, "Introduction", *The Brazil Correspondence in the Cases of the "Prince of Wales" and Officers of the "Forte" (Reprinted from the Papers Laid before Parliament); with and Introduction Telling Some Truth about Brazil* (Londres, 1863), p. xxx, doravante citado como CHRISTIE, "Introduction".

12. Discurso de Bramley-Moore, Câmara dos Comuns, 6 de março de 1863, *Hansard's Parliamentary Debates*, 3ª série, CLXIX (fev.-mar., 1863) (Londres, 1863), 1138, doravante citado como *Hansard.*

13. Discurso de Buxton, Câmara dos Comuns, 6 de março de 1863. *Ibid.*, p. 1160. Abrantes o chamou de "desconfiado,

Estas acusações podem ser confirmadas em parte pelo que Christie afirmou. Pelo menos a sua correspondência com o Ministério de Relações Exteriores do Brasil o revela como sarcástico, sofista e cheio de acusações infundadas, chegando ao ponto de acusar o Ministro das Relações Exteriores do Brasil de ser inteiramente mentiroso[14]. Nas suas cartas a Russell encontramos uma disposição, quando isto servia a seus propósitos, em torcer a verdade[15]. Culpava os brasileiros quando sua própria arrogância o colocava em posição inconfortável[16], e freqüentemente salientava pontos sem importância apenas para se colocar em boa posição[17].

melindroso, e irascível", Abrantes a Carvalho Moreira, Rio de Janeiro, 8 janeiro, 1863. Arquivo Histórico do Ministério das Relações Exteriores do Brasil (doravante citado como Arquivo Itamarati), CF 410-5-93. D. Pedro II dizia que Christie "briga com todos", *Diário de D. Pedro II*, 1861-1863. Arquivo do Museu Imperial de Petrópolis (doravante citado como Arquivo MIP), Maço XXXV, Doc. 1055, 10 de dezembro de 1862.

14. Ver, por exemplo, Abrantes a Christie, Rio de Janeiro, 16 de agosto de 1862. *Relatório da Repartição dos Negócios Estrangeiros... 1863* (Rio de Janeiro, 1863), Anexo I, pp. 78--79, doravante citado como *Relatório*, 1863, Anexo I; e cf. com Christie a Abrantes, Rio de Janeiro, 22 de agosto de 1862, incluído no relatório de Christie a Russell, Rio de Janeiro, 23 de agosto de 1862. N° 49, "Correspondence Respecting the Plunder of the Wreck of the British Barque 'Prince of Wales'; and the III treatment of Officers of Her Majesty's Ship 'Forte'", *Readex Microprint*, ed. EDGAR L. ERICKSON, *British Sessional Papers*, L-C, 19 de fevereiro de 1863 (3087), LXXIII, 201, 202 e 203 (este livro azul será citado como "Correspondence", *Sessional Papers*, 1863); Christie a Abrantes, Rio de Janeiro, 18 de setembro de 1862, incluído no Christie a Russell, Rio de Janeiro, 24 de setembro de 1862, n° 58, "Correspondence", *Sessional Papers*, 1863, LXXIII, 217.

15. Cf. Christie a Russell, Rio de Janeiro, 6 de novembro de 1862. N° 64, "Correspondence", *Sessional Papers*, 1863, LXXIII, 224-225, com Abrantes a Christie, Rio de Janeiro, 16 de agosto de 1862. *Relatório*, 1863, Anexo I, p. 77; Christie a Abrantes, Rio de Janeiro, 22 de agosto de 1862, incluído no Christie a Russell, Rio de Janeiro, 23 de agosto de 1862. N° 49, "Correspondence", *Sessional Papers*, 1863, LXXIII, 201; Abrantes a Christie, Rio de Janeiro, 6 de setembro de 1862. *Relatório*, 1863, Anexo I, p. 83; Christie a Abrantes, Rio de Janeiro, 24 de setembro de 1862. N° 58, "Correspondence", *Sessional Papers*, 1863, LXXIII, 217; e Abrantes a Christie, Rio de Janeiro, 20 de setembro de 1862. *Relatório*, 1863, Anexo I, p. 95.

16. Christie a Russell, Rio de Janeiro, 6 de novembro de 1862. N° 64, "Correspondence", *Sessional Papers*, 1863, LXXIII, 225.

17. Cf. Christie a Abrantes, Rio de Janeiro, 22 de agosto de 1862, incluído no Christie a Russell, Rio de Janeiro, 23 de agosto

Finalmente, não hesitou em fazer sugestões a Russell com respeito à atitude inglesa para com os negócios brasileiros, a ponto de sugerir remédios, nenhum deles mostrando intenções de manter as boas relações entre os dois países[18].

A conexão entre o assunto especial do nosso estudo, por um lado, e os desentendimentos básicos entre a Grã-Bretanha e o Brasil, por outro, é revelada pelo fato de Christie se ter intrometido em todas as questões pendentes. O mesmo ministro que levava avante as represálias, também estava interessado na questão do tráfico dos escravos, os "emancipados", no papel da pressão inglesa como móvel das ações brasileiras, e os clamores brasileiros contra o apresamento ilegal dos seus navios. Christie acusava o fato de escravos nascidos na África e contrabandeados depois do fim legal do tráfico serem anunciados à venda e queixava-se amargamente com respeito ao caso dos "emancipados", o último dos quais deveria ser considerado legalmente livre, depois de 1859[19]. Sua opinião a respeito destas duas questões foi a causa dos seus trabalhos posteriores em defesa de suas ações: a Introdução ao *The Brazil Correspondence*. e suas *Notes on Brazilian Questions*[20].

Sua preocupação com a importância das ações britânicas na determinação do comportamento brasileiro é claramente demonstrada nesses mesmos trabalhos. Declarava que os esforços do Brasil em 1864 para melhorar a sorte dos "emancipados" era um resultado das represálias britânicas e dos discursos de Palmerston no Parlamento[21]. Concluía que

> a política adotada pelo governo brasileiro com referência aos *emancipados* tem sido tal qual aquela usada para com o tráfico dos escravos. Deixado por conta própria, nada fazia..., ressentia-se das interferências e reclamava o direito de ser livre para executar suas próprias leis... Finalmente, depois de ser usada força... contesta que tudo tem sido feito espontaneamente, e que todas as acusações passadas eram injustas...[22] Está fora de dúvida que as represálias têm tido efeito no governo brasileiro[23].

de 1862. Nº 49, *ibid.*, p. 201, com Christie a Russell, Rio de Janeiro, 6 de novembro de 1862. Nº 64, *ibid.*, p. 720 (parágrafo 3).

18. Christie a Russell, Rio de Janeiro, 6 de novembro de 1862. Nº 65, *ibid.*, p. 230.

19. CHRISTIE, *Notes*, pp. 83-84 e 159-161.

20. Ver particularmente *ibid.*, pp. 1-1xx, 10-50; e CHRISTIE, "Introduction", pp. vii-xiii e xx-xxv.

21. CHRISTIE, *Notes*, pp. xxxiv, xxvii-xxxviii, e 49.

22. CHRISTIE, *Notes*, p. xxv.

23. *Ibid.*, p. 22.

Procurando os bons efeitos das ações inglesas tornou-se tão mesquinho a ponto de dizer que foi apenas como resultado das represálias que os livros protestantes foram admitidos na alfândega brasileira[24].

De muita importância, também, durante a estadia de Christie no Brasil foi a comissão mista de reclamações. Em 1858 foi assinada uma convenção pelos dois países pela qual uma comissão julgava todas as queixas de uma nação contra a outra. Quando as queixas foram apresentadas, tornou-se claro que metade das reclamações brasileiras tinham que ver com as decisões das comissões mistas de 1827 a 1845, e um grande número adicional era concernente aos apresamentos feitos depois de 1845 sob a égide do *Aberdeen Act*. O governo britânico argumentava que estas questões estavam há muito tempo resolvidas; mas o Governo brasileiro considerava que sempre reclamara indenizações por elas. E foi Christie quem, em 1860, orientou o comissário inglês em recusar-se a tratar destas questões. Como resultado, as comissões mistas nunca mais se reuniram[25]. Pondo de lado o aspecto legal do caso, uma oportunidade para terminar de uma vez com as causas de fricção entre as duas nações se perdeu e ao invés disso, surgiu apenas uma outra manifestação de mútua antipatia.

O principal oponente de Christie foi Miguel Calmon du Pin e Almeida, Marquês de Abrantes (1796-1865). Político típico dos que floresceram durante o Império, provinha da aristocracia da terra, estudara na Universidade de Coimbra, e, regressara de Portugal justamente a tempo de participar da revolução. Tendo viajado largamente pela Europa, chefiara uma missão especial na Inglaterra, França e Prússia entre 1844 e 1846. Fora o promotor por várias vezes de planos passageiros visando estimular a emigração, o desenvolvimento da agricultura e a reorganização das finanças nacionais. Neste tempo, 1862, quando tornara-se

---

24. CHRISTIE, "Introduction", pp. vi-vii. Em dezembro de 1862 o missionário escocês Robert Reid Kalley conseguiu retirar panfletos protestantes da alfândega depois de mais de um ano de espera, "graças à intervenção diplomática". Vide *Esboço Histórico da Escola Dominical da Igreja Evangélica Fluminense, 1855-1932*, (Rio de Janeiro, 1932), p. 97.

25. MANCHESTER, *British Preëminence*, pp. 267-274; com referência à posição inglesa ver CHRISTIE, *Notes*, pp. 140-158. Vide também BARÃO DE CABO FRIO, *Reclamações Anglo-brasileiras* (Rio de Janeiro, 1880).

o Ministro do Exterior, seu idealismo quase desaparecera e o encontramos como um velho cansado[26].

O grande fracasso e a grande vitória de Abrantes como Ministro do Exterior foi a "Questão Christie". Por um lado, não pôde evitar o choque que nenhum brasileiro desejava, não pôde manobrar o suficiente para resistir às cargas cegas de Christie, e, portanto, falhou nos seus esforços para não ser ferido por John Bull. De outro lado, porém, conduziu-se com tal dignidade, expressou-se com tal clareza, e foi tão sincero na sua tentativa de preservar a honra nacional que provoca simpatias mesmo hoje em dia. Sua correspondência era meticulosa ao extremo: mesmo as insinuações mais sutis feitas por Christie eram combatidas e vencidas; mas ao fazê-lo dava, inadvertidamente a Christie oportunidade para fazer acusações ainda mais indefensáveis. Estas eram por seu turno cuidadosamente examinadas por Abrantes, produzindo, assim, uma correspondência cada vez mais volumosa que cresceu sempre durante o nosso estudo[27]. Achamos parecer semelhante, embora motivado por ponto de vista diferente, nas palavras do defensor do governo, na Câmara dos Comuns em 1863:

> Se o ministro brasileiro, ao invés de escrever todas estas notas como o fez, e se lamentasse menos por todos os pequenos enganos e erros que possam ser encontrados no depoimento de Christie, e se tivesse, ousadamente, feito o possível com respeito a uma justiça efetiva,

não teria havido conflito de interesses[28]. Finalmente, um observador contemporâneo acusa como o maior erro de Abrantes o não ver o que era sabido em todas as cortes da Europa, isto é, a Grã-Bretanha, nesse momento, procurava uma ocasião para humilhar o Brasil e forçá-lo a assinar um tratado comercial favorável[29].

26. PEDRO CALMON, *O Marquês de Abrantes* (Rio de Janeiro, 1933).

27. Verifique-se a extensão destas cartas no *Relatório*, 1863, Anexo I, pp. 68-98. D. Pedro II uma vez não gostou do "tom irônico de que tanto gosta ele Abrantes e [que] podia irritar mais o Christie quando nos convém até procurar meios de abrandá-lo", *Diário de D. Pedro II*, 1861-1863, 17 de dezembro de 1862. Arquivo MIP, Maço XXXV, Doc. 1055.

28. Discurso de Layard, Câmara dos Comuns, 6 de março de 1863. *Hansard*. CLXIX (1863), 1186.

29. Sampaio Viana a João Maurício Wanderley (último barão de Cotegipe), 21 de janeiro de 1863. Citado em WANDER-

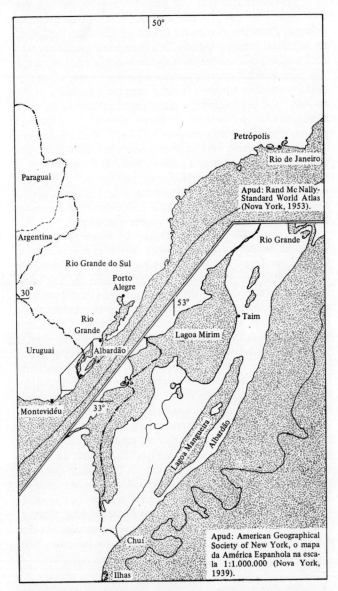

LEY PINHO, *Cotegipe e seu Tempo; Primeira fase, 1815-1867*, Biblioteca Pedagógica Brasileira, Brasiliana, série 5, LXXXV (São Paulo, 1937), 677-680.

Há três incidentes que parecem sugerir que a Inglaterra estava mesmo procurando uma ocasião para humilhar o Brasil. Primeiro, o caso do *Prince of Wales* foi explorado ao máximo, mesmo quando as autoridades brasileiras fizeram o que aparentemente eram os maiores esforços possíveis para atender as reclamações inglesas. Então, a Grã-Bretanha pretendeu forçar o Brasil a permitir a presença oficial de um dos seus oficiais navais no inquérito relativo ao afundamento, e, quando o Brasil recusou, a Inglaterra pensou em fazer disso motivo de litígio. Mas, finalmente, este procedimento tornou-se desnecessário para seus propósitos quando apareceu uma outra oportunidade para querelas: três oficiais navais foram submetidos a supostos insultos por autoridades brasileiras e a Inglaterra sentiu que era chegada a hora de lançar um *ultimatum*. Por estes três incidentes pode-se avaliar as ações britânicas.

O naufrágio do barco *Prince of Wales*, o primeiro incidente usado na representação entre a Inglaterra e o Brasil, teve lugar nos traiçoeiros recifes da costa desolada de Albardão na Província do Rio Grande do Sul (vide mapa). Esta Província revoltara-se há menos de quinze anos antes e o controle central sobre esta área escassamente povoada estava ainda em estágio de formação. O Ministro do Exterior, entretanto, estava em contato direto com o presidente da província, um oficial indicado pelo governo central. Sob a direção do presidente, mas, também escolhido pelo governo central, encontrava-se o chefe de polícia da Província. Residia em Porto Alegre, a capital, e dirigia a hierarquia policial através dos delegados de polícia, um dos quais vivia no porto da província, Rio Grande. Os delegados de polícia tinham por sua vez como subalternos os subdelegados. Os subdelegados eram a autoridade básica da polícia ainda que auxiliados pelos inspetores. A trinta e cinco ou quarenta milhas do Rio Grande estava a pequena cidade de Taim, o distrito do subdelegado Delfim Francisco Gonçalves. Um dos seus subordinados era Faustino José Silveira, o inspetor do distrito de Albardão, uma área habitada por seminômades[30]. Gonçalves e Silveira, juntamente com

---

30. Dario Raphael Callado a Francisco de Assis Pereira Rocha, Porto Alegre, 10 de maio de 1862. *Relatório*, Anexo I, p. 37; Discurso de Bramley-Moore. Câmara dos Comuns, 6 de março de 1863. *Hansard*, CLXIX, 1134-1135.

Bento Venâncio Soares, o juiz de paz, são personagens de importância na nossa história.

Durante a segunda semana de junho de 1861, o filho de Soares, de apenas 9 anos de idade, saiu para o campo para buscar os cavalos. Do alto das dunas de areia viu figuras deitadas na praia e ao tornar a casa trazia consigo notícias. Seu pai estava fora e o menino foi para a casa de seu cunhado, Silveira, onde se encontrava seu pai. Contou-lhes o que tinha visto, e seu cunhado, como inspetor, convocou cinco guardas nacionais para ir verificar o que acontecera na área do naufrágio. Soares, entretanto, encaminhou-se diretamente para a Cidade de Rio Grande[31].

Nesta cidade residia o cônsul inglês, Henry Prendergast Vereker que desempenhará um papel primordial nos acontecimentos que narramos. Esforçava-se sempre para cumprir os deveres de seu posto, defendendo a honra e a dignidade do seu país e protegendo os interesses dos ingleses. Pouco mais de um ano depois do naufrágio do *Prince of Wales*, Christie o enviou para a Inglaterra.

num estado de excitamento nervoso, imaginando tentativas de assassiná-lo[32].

Se na ocasião da ida de Soares a Rio Grande já estava necessitado de cuidados psiquiátricos é assunto que deixamos para os historiadores que seguem os preceitos recentes de William L. Langer[33]. Devemos admitir, entretanto, que uma certa desconfiança era traço dominante do seu caráter.

Quando Vereker soube a respeito do naufrágio dirigiu-se para a costa acompanhado por três oficiais da alfândega, quatro soldados da polícia e do juiz municipal[34].

31. Sinopse das indagações. . . . , 1-8 de julho de 1861. *Relatório*, 1863, Anexo I, p. 43; e Epítome da indagação. . . , 26 de abril-3 de maio de 1862. *Ibid.*, pp. 51 e 58.

32. Christie a Russell, Rio de Janeiro, 6 de novembro de 1862. Nº 64, "Correspondence", *Sessional Papers*, 1863, LXXIII, 226. Ver também a correspondência no *Relatório*, 1863, Anexo I, pp. 73-76.

33. The Next Assignment, *American Historical Review*, LXIII (jan., 1958), pp. 283-304, debate o uso histórico dos princípios psiquiátricos.

34. Vereker ao Board of Trade, Rio Grande, 25 de junho de 1861, incluído no Vereker a Russell, Rio Grande, 25 de junho de 1861. Nº 1, "Correspondence", *Sessional Papers*, 1863, LXXIII, 126. Antônio Ferreira Garcez a Joaquim Antão Fernandes Leão, Rio Grande, 23 de junho de 1861. *Relatório* 1863, Anexo I, p. 2.

Dois dias depois chegaram à casa de Soares. Vereker depôs que ele e sua comitiva de oito homens foram "admitidos de má vontade no abrigo"[35]. Como mais tarde foi revelado que a única pessoa presente na ocasião era a filha de Soares, não pode surpreender-nos o modo pelo qual foram recepcionados[36].

Depois de passar a noite na propriedade costeira de Soares, prosseguiram na manhã seguinte em direção à praia onde encontraram os restos do naufrágio espalhados numa distância de aproximadamente uma milha. Entre as peças do navio, havia também cestos, barricas e caixas — algumas obviamente quebradas pelas ondas, mas, outras também obviamente abertas por instrumentos. As malas dos marinheiros foram encontradas, muitas delas abertas e completamente vazias, ainda que os papéis dos forros estivessem sem sinal de umidade[37].

Vereker também encontrou outros indícios que o fizeram suspeitar da sorte da tripulação naufragada. No mesmo lugar onde estavam os restos do naufrágio, na praia, foram encontrados a chalupa do navio, um bote, os caixotes dos marinheiros e remos. Porém, quando o cônsul perguntou ao inspetor Silveira a respeito dos dez corpos que achara, respondeu-lhe este que estavam muito longe para ser possível ir até lá nessa mesma noite[38]. Vereker atribuiu esta resposta à "evidente má vontade" do inspetor em mostrar-lhe os corpos; mas, posteriormente, asseverou que os corpos estavam tão longe do local do naufrágio que só poderiam ter ido parar ali arrastados por outras pessoas[39]. Vereker então pediu ao juiz municipal para

35. Vereker ao Board of Trade, Rio Grande, 25 de junho de 1861, incluído em Vereker a Russell, Rio Grande, 25 de junho de 1861. Nº 1, "Correspondence", *Sessional Papers*, 1863, LXXIII, 126.

36. Vereker a Christie, Rio Grande, 29 de março de 1862, incluído no Christie a Russell, Rio de Janeiro, 17 de junho de 1862. Nº 38, *ibid.*, p. 164.

37. Vereker ao Board of Trade, Rio de Janeiro, 25 de junho de 1861, incluído em Vereker a Russell, Rio Grande, 25 de junho de 1861. Nº 1, "Correspondence", *Sessional Papers*, 1863, LXXIII, 126-127; Garcez a Leão, Rio Grande, 23 de junho de 1861. *Relatório*, 1863, Anexo I, p. 2; Interrogatório de Joaquim Carlos Miller..., 8 de maio de 1862. *Ibid.*, p. 60.

38. Vereker a Christie, Rio Grande, 29 de março de 1862, incluído no Christie a Russell, Rio de Janeiro, 17 de junho de 1862. Nº 38, "Correspondence", *Sessional Papers*, 1863, LXXIII, 164.

39. Vereker ao Board of Trade, 25 de junho de 1861, Rio Grande, incluído em Vereker a Russell, Rio Grande, 25 de junho de

levar a efeito um inquérito sobre os cadáveres, mas, o juiz alegou não estar qualificado legalmente para isto. Concluiu, entretanto, Vereker, que sua hesitação era devida ao fato de que os asseclas do inspetor

excediam em número aos que acompanhavam o juiz municipal e a mim mesmo[40].

O fato de Vereker considerar cinco homens como mais numerosos que oito talvez possa ser explicado pela desconfiança de que era possuído e que percebe-se em todos os seus depoimentos. Quando os habitantes da localidade afirmaram não ter achado nenhum dos papéis pertencentes ao navio, Vereker foi

levado à conclusão que estas pessoas que tão vergonhosamente haviam roubado a propriedade alheia na praia e com astúcia depravada esconderam todos os papéis que podiam levar à descoberta dos fatos reais, não hesitariam em praticar violência pessoal para lograr seu objetivo[41].

Acusou, também, referindo-se ao inspetor, que

não havia dúvida nenhuma de terem as caixas sido abertas por sua ordem, e as mercadorias de pouco valor abandonadas. Ao fazer este depoimento... julgo direito dizê-lo não o poder provar legalmente[42].

Ao regressar a Rio Grande, Vereker solicitou que os corpos dos marujos fossem levados a esta cidade para o sepultamento e que um inquérito fosse instaurado[43]. Entretanto, Gonçalves, o subdelegado, achou apenas quatro dos dez corpos, afirmando que o local onde os outros foram

1861. N⁰ 1, *ibid.*, pp. 126-127; Vereker a Antônio Estêvão de Bitancourt e Silva, Rio Grande, 20 de junho de 1861, extrato, incluído em Vereker a Russell, Rio Grande, 25 de junho de 1861. N⁰ 2, *ibid.*, p. 129.

40. Vereker ao Board of Trade, Rio Grande, 25 de junho de 1861, incluído em Vereker a Russell, Rio Grande, 25 de junho de 1861. N⁰ 1, *ibid.*, p. 126; Vereker a Christie, Rio Grande, 20 de março de 1861, incluído em Christie a Russell, Rio de Janeiro, 17 de junho de 1862. N⁰ 38, *ibid.* p. 164.

41. Vereker ao Board of Trade, Rio Grande, 25 de junho de 1861, incluído em Vereker a Russell, Rio Grande, 25 de junho de 1861. N⁰ 1, *ibid.*, p. 127.

42. Vereker a Russell, Rio Grande, 14 de dezembro de 1861. N⁰ 19, *ibid.*, p. 138.

43. Vereker a Silva, Rio Grande, 16 de junho de 1861, incluído em Vereker a Russell, Rio Grande, 15 de julho de 1861. N⁰ 2, *ibid.*, p. 129.

enterrados não pudera ser localizado devido às areias move-diças[44]. Os quatro corpos foram examinados em Albardão e também em Rio Grande quando ali chegaram. A conclusão final foi a de que não havia evidência de assassinato[45].

A justiça brasileira começou então a agir e um inquérito foi instaurado entre 1 e 8 de julho. Gonçalves convocou sete testemunhas incluindo o inspetor do distrito, Silveira, e os cinco guardas nacionais que o acompanharam no policiamento da praia[46]. Ficou bem claro deste inquérito que houvera saque, mas os culpados em geral permaneciam incógnitos. O inspetor encontrara apenas duas pessoas na praia e as soltara por ser difícil vigiá-las enquanto policiava as vinte e quatro milhas da costa[47]. Finalmente, três suspeitos foram indiciados como resultado destas investigações, mas apenas um foi condenado, pois os outros fugiram para o Uruguai, não podendo ser encontrados[48].

Todo o caso foi relatado aos dois governos respectivos, entrando então a questão em fase diplomática. Em outubro de 1861, o encarregado dos negócios britânicos no Rio queixava-se de que tinha havido

grande negligência, se não conivência, por parte das autoridades locais,

e como resultado roubo da carga e talvez assassinato da tripulação[49]. E, em março de 1862, Christie pediu nova investigação, mais compensações para os proprietários do navio saqueado e para os parentes daqueles que podiam ter sido assassinados[50].

44. Eduardo Pindahyba de Mattos a Leão, Porto Alegre, 1 de julho de 1861, *Relatório*, Anexo I, p. 5.

45. Autos de corpo de delito... *Ibid.*, pp. 38-41; e Auto de exame de corpo de delito... *Ibid.*, pp. 41-52.

46. Sinopse das indagações..., 1-8 de julho de 1861. *Ibid.*, pp. 43-47.

47. *Ibid.*, p. 43.

48. Processo incluído sob a Sinopse das indagações..., 8 de julho de 1861. *Ibid.*, p. 47; Antônio Ferreira Garcia [Garcez?] a Dario Raphael Callado, Rio Grande, 18 de setembro de 1861. *Ibid.*, p. 13; Garcez a Callado, Rio Grande, 19 de dezembro de 1861. *Ibid.*, p. 18.

49. Evan M. Baillie a Benvenuto Augusto de Magalhães Taques, Petrópolis, 25 de outubro de 1861. *Ibid.*, p. 7 (não está na "Correspondence", mas citado nos *Sessional Papers*, LXXIII, 134).

50. Christie a Taques, Petrópolis, 17 de março de 1862, incluído em Christie a Russell, Rio de Janeiro, 5 de maio de 1862. Nº 27, "Correspondence", *Sessional Papers*, LXXIII, p. 152.

O cônsul Vereker parece ter ficado surpreendido com o fato do seu governo ter levado o caso tão longe – surpreso mesmo depois de ter acusado os suspeitos de assassínio e negligência, se não conivência![51] Talvez mesmo nos princípios de julho de 1861 pensara estar o caso mais ou menos encerrado, pois escreveu – como se pusesse um ponto final –

a atitude que tomei teve o apoio de todos os cristãos da localidade, causando sensação nas cercanias do lugar do naufrágio, mas, acredito, produzindo um efeito saudável, e no caso de desastres semelhantes tornarem a ocorrer, os habitantes desta região pelo menos compreenderão que crimes como este não passam despercebidos[52].

Mas depois Vereker retomou o caso energicamente. Escreveu uma carta diretamente a Christie contendo novas acusações contra a conduta das autoridades locais[53]; combinou com um oficial naval inglês fazerem reclamações ao presidente da Província[54], e aumentou sua arrogância para com os brasileiros em geral. Assim, quando em abril o delegado de polícia pediu ao cônsul para acompanhá-lo a Albardão, onde devia providenciar nova investigação, Vereker, surpreendentemente, recusou-se[55]. Sua explicação era a de que lhe tinha sido prometido que o chefe de polícia conduziria a investigação, dando-lhe assim muito maior importância. Mas, agora

um oficial inferior... tinha sido designado para efetuar a investigação. Não poderia, portanto, de acordo com a dignidade de minha posição, associar-me com este oficial, em vista do pouco caso mostrado pelo presidente ao assunto em questão[56].

51. Vereker a Christie, Rio Grande, 29 de março de 1862, incluído em Christie a Russell, Rio de Janeiro, 17 de junho de 1862. Nº 38, *ibid.*, p. 164.
52. Vereker a Russell, Rio Grande, 5 de julho de 1861. Nº 2, *ibid.*, p. 128.
53. Vereker a Christie, Rio Grande, 29 de março de 1862, incluído em Christie a Russell, Rio de Janeiro, 17 de junho de 1862. Nº 38, *ibid.*, p. 164.
54. *Idem.*
55. Henrique Bernardino Marques Canarim a Vereker, Rio Grande, 21 de abril de 1862. *Relatório*, 1863, Anexo I, p. 30; Vereker a Canarim, Rio Grande, 22 de abril de 1862. *Ibid.*, p. 11 (esta carta não consta da "Correspondence").
56. Vereker a Russell, Rio Grande, 24 de abril de 1862. Nº 12, "Correspondence", *Sessional Papers*, 1863, LXXIII, 159.

O presidente da Província corretamene comunicou ao governo central parecer estar o cônsul querendo impor ao governo brasileiro uma pessoa do seu agrado, uma imposição de que o presidente se ressentia vivamente[57].

O delegado de polícia, sem a companhia do cônsul, procedeu à investigação e interrogou grande número de testemunhas com dureza e honestidade. Um exame das perguntas formuladas às testemunhas demonstra a energia do delegado[58]. Gonçalves, o subdelegado, foi acusado publicamente de esconder os nomes dos que haviam saqueado os restos do naufrágio e foi advertido de que esta

mal entendida contemplação de sua parte... o pode comprometer, apesar de não pactuar com esse procedimento[59].

O delegado também acusou o juiz de paz, Soares, ou alguém de sua família, de participação no saque. Mas, quando Soares foi interrogado — admitia-se residirem os saqueadores na área circunvizinha — respondeu que

não duvidara que fossem vizinhos seus que tivessem praticado esses roubos, talvez os próprios que o acusavam disso[60].

Em conseqüência, a maior parte dos habitantes do distrito foi interrogada pelo mesmo motivo[61]. Um deles foi até acusado de prestar seu depoimento como "um recado estudado"[62]. Mas, o cônsul, mesmo ausente, depôs que esta investigação fora feita apenas com o fito de derrubar suas acusações de assassínio, não dando atenção à questão do saque; uma queixa surpreendente, pois ele mesmo pedira que qualquer novo inquérito desse especial atenção à possibilidade de assassínio[63]. Em todo caso, essa

57. Rocha ao governo imperial, extrato, Porto Alegre, 30 de abril de 1862. *Relatório*, 1863, Anexo I, p. 27.
58. Epítome da indagação..., 26 de abril-3 de maio de 1862. *Ibid.*, pp. 48-60.
59. *Ibid.*, p. 49.
60. *Ibid.*, p. 52.
61. *Ibid.*, pp. 52-59 e lista dos habitantes, pp. 49 e 52.
62. *Ibid.*, p. 57.
63. Vereker a Russell, Rio Grande, 24 de abril de 1862. Nº 32, "Correspondence", *Sessional Papers*, 1863, LXXIII, 160; cf. com Memorandum of a conversation which took place on the 6th of April 1862...; e Memorandum of a conversation teld on the 7th of April 1862..., ambos incluídos em Vereker a Russell, Rio Grande, 14 de abril de 1862. Nº 26, *ibid.*, pp. 148-149.

opinião não se justifica, uma vez que mais oito suspeitos foram indiciados por saque, como resultado desta investigação, incluindo o irmão de Soares[64]. É com alívio que deixamos de ouvir as acusações de Vereker no caso do *Prince of Wales*. Quatro meses mais tarde, ele se considerava cercado por assassinos.

A cena agora volta-se de uma vez para o lado diplomático. A posição de Christie baseava-se em três pontos: I — as autoridades locais eram culpadas de negligência e, talvez mesmo, de conivência no crime, o qual, mesmo sem outro motivo, dizia ele, requeria compensação; II — havia fortes indícios de assassinato, que se provado, fariam os direitos britânicos de reparação irrefutáveis; e III — todas as providências brasileiras tinham sido tomadas sob pressão inglesa e não poderiam ser usadas como argumentos contra as reclamações dos britânicos.

Christie acusou Silveira (o subdelegado), Gonçalves (o inspetor) e Soares (o juiz de paz) de serem todos culpados de ajuda na perpetuação do crime, se não coniventes de fato, ao menos por negligência em seus deveres[65]. Vereker e Christie baseavam suas acusações de negligência na demora dessas autoridades em transmitir a notícia do naufrágio. Havia evidente contradição com respeito à data do naufrágio e Vereker o situava de acordo com o que se lembrava da conversa com o menino de nove anos de idade[66]. Vereker acusou particularmente Soares do propósito de ter demorado em transmitir a notícia; mas não era

64. Abrantes a Christie, Rio de Janeiro, 16 de agosto de 1862. *Relatório*, 1863, Anexo I, p. 79; Câmara a Abrantes, Porto Alegre, 31 de dezembro de 1862, com anexo. *Ibid.*, p. 179, ver também Canarim a João Lima Cansansão de Sinimbu, Rio Grande, 14 de janeiro de 1863. *Ibid.*, p. 182.

65. Baillie a Taques, Rio de Janeiro, 25 de outubro de 1861. *Ibid.*, p. 7; Christie a Abrantes, Rio de Janeiro, 14 de agosto de 1862, incluído em Christie a Russell, Rio de Janeiro, 23 de agosto de 1862. Nº 49, "Correspondence", *Sessional Papers*, 1863, LXXIII, 197-198, Christie a Abrantes, Rio de Janeiro, 22 de agosto de 1862. Nº 49, *ibid.* pp. 202-203.

66. Vereker a Christie, Rio Grande, 29 de março de 1862, incluído em Christie a Russell, Rio de Janeiro, 17 de junho de 1862. Nº 38, "Correspondence", *Sessional Papers*, 1863, LXXIII, 164; cf. com Garcez a Callado, Rio Grande, 18 de setembro de 1861, extrato. *Relatório*, 1863, Anexo I, p. 13; Sinopse das indagações. . ., 8 de julho de 1861. *Ibid.*, p. 43. Epítome das indagações. . ., 26 de abril-3 de maio de 1862. *Ibid.*, pp. 49, 51 e 58.

dever do juiz de paz fazê-lo; Soares soubera do naufrágio ao mesmo tempo que o inspetor, que era a autoridade própria; e o tempo de serviço de Soares já tinha expirado na ocasião do naufrágio[67]. As acusações de demora por parte de Vereker, contra Silveira e Gonçalves, foram a princípio acolhidas pelo governo brasileiro[68]; mais tarde chegou-se à conclusão de que fazer quarenta e seis léguas em três dias de viagem, mesmo cavalgando dia e noite e matando os cavalos de tanto correr, teriam encurtado a viagem em apenas um dia[69].

A acusação de conivência a fez Vereker apenas a Soares. O cônsul, porém, falhou no fato de não revelar em tempo hábil, de modo a ser feita bem sucedida verificação de descoberta que fizera (Bíblias inglesas e caixas vazias na casa de Soares)[70]. Christie, entretanto, insistia que a mera afirmação da inocência de Soares era insuficiente para satisfazer o governo britânico. Dizia que

o governo imperial estava obrigado a provar a inocência do Senhor Soares, ou desgraçá-lo[71].

Abrantes replicava que mesmo que o defensor deste não pudesse provar sua inocência, também meras afirmações não podiam condená-lo[72].

As acusações de Vereker contra o inspetor e o subdelegado, feitas no mesmo grau, eram baseadas nas conclusões

67. Vereker a Christie, Rio Grande, 29 de março de 1862, incluído em Christie a Russell, Rio de Janeiro, 17 de junho de 1862. Nº 38, "Correspondence", *Sessional Papers*, 1863, LXXIII, 164; Epítome da indagação..., 26 de abril-3 de maio de 1862. *Relatório*, 1863, Anexo I, p. 52.

68. Abrantes a Christie, Rio de Janeiro, 6 de setembro de 1862. *Relatório*, 1863, Anexo I, p. 87.

69. Memorandum; questão do *Prince of Wales. Ibid.*, p. 126.

70. Vereker a Christie, Rio Grande, 29 de março de 1862, incluído em Christie a Russell, Rio de Janeiro, 17 de junho de 1862. Nº 38. "Correspondence", *Sessional Papers*, 1863, LXXIII, 164.

71. Christie a Abrantes, Rio de Janeiro, 22 de agosto de 1862, incluído em Christie a Russell, Rio de Janeiro, 23 de agosto de 1862. Nº 49, *ibid.*, p. 202. Ver também Christie a Abrantes, Rio de Janeiro, 18 de setembro de 1862, incluído em Christie a Russell, Rio de Janeiro, 24 de setembro de 1862. Nº 58, *ibid.*, pp. 218-210.

72. Abrantes a Christie, Rio de Janeiro, 6 de setembro de 1862. *Relatório*, 1863, Anexo I, pp. 88.

que o cônsul tirara à sua chegada na praia, sobre a atitude deles, e não em alguma evidência que os tribunais brasileiros pudessem tirar[73]. Por outro lado, ainda que o governo brasileiro não admitisse nem conivência, ou negligência culpável, ambos, Silveira e Gonçalves, foram demitidos. Os brasileiros sustentavam que Gonçalves fora demitido apenas por sua perda de prestígio no inquérito de abril-maio de 1862[74]. Após ser negada a demora de Silveira em transmitir as novas do naufrágio, foi assegurado que sua demissão deveu-se ao fato de ter soltado os dois suspeitos encontrados na praia com objetos saqueados. Christie lançou mão desse acontecimento como um fato principal no seu pedido de compensações[75] e devemos admitir que, se combinada com outras queixas válidas, a libertação de um prisioneiro enfraquecia seriamente a posição brasileira.

O governo britânico também acusava haver sérios indícios de assassinato[76]. Vereker baseou-se principalmente na posição do casco, dos restos do naufrágio, dos cadáveres e no subseqüente desaparecimento de seis destes. As autoridades brasileiras explicavam que era do conhecimento comum que em vinte e quatro horas as areias das praias podiam ser completamente modificadas pelos ventos e ondas[77]. Com respeito à posição dos restos do naufrágio e dos corpos, o chefe de polícia convocara o capitão de pilotagem do Rio Grande para fazer uma análise desta evi-

73. Vereker a Christie, Rio Grande, 29 de março de 1862, incluído em Christie a Russell, Rio de Janeiro, 17 de junho de 1862. Nº 38, "Correspondence", *Sessional Papers*, 1863, LXXIII, 164. Vereker ao Board of Trade, Rio Grande, 25 de junho de 1861, incluído em Vereker a Russell, Rio Grande, 25 de junho de 1861. Nº 1, *ibid.*, p. 2.

74. Abrantes a Christie, Rio de Janeiro, 6 de setembro de 1862. *Relatório*, 1863, Anexo I, p. 87.

75. Christie a Abrantes, Rio de Janeiro, 30 de dezembro de 1862, incluído em Christie a Russell, Rio Grande, 8 de janeiro de 1863. Nº 72, "Correspondence", *Sessional Papers*, 1863, LXXIII, 254-255.

76. Christie a Abrantes, Rio de Janeiro, 22 de agosto de 1862, incluído em Christie a Russell, Rio de Janeiro, 23 de agosto de 1862. Nº 49. "Correspondence", *Sessional Papers*, 1863, LXXIII, 202-203.

77. Do presidente ao governo imperial, Porto Alegre, 10 de abril de 1862, extrato. *Relatório*, 1863, Anexo I, p. 16; do presidente ao governo imperial, Porto Alegre, 14 de maio de 1862, extrato. *Ibid.*, p. 33.

dência e este mostrara, limitando-se ao que sabia por experiência própria, que não era improvável que as correntes submarinas pudessem arrastar corpos pesados a considerável distância dos restos leves do naufrágio[78]. O Ministro do Exterior brasileiro cometeu o erro de apresentar a Christie apenas as conclusões do capitão e Christie por seu turno, solicitou a opinião do Contra-Almirante Richard L. Warren, comandante das forças navais inglesas no Atlântico Sul[79].

A resposta de Warren foi típica do tipo de homem que era[80]. Admitiu que sua opinião já estava formada ao receber o relatório. Não limitando-se à questão imediata, discorreu livremente sobre as circunstâncias do desaparecimento dos seis corpos e de outros fatores estranhos. Comentava que

mesmo admitindo-se que o vento e as ondas cobrissem as tumbas de areia não podiam os que procederam ao enterramento esquecer-se do lugar onde estavam[81].

Insistia no fato de que os remos tinham sido vistos *dentro* dos botes na praia — circunstância esta nunca relatada nas cartas de Vereker — e concluía ter certamente havido assassinato[82].

Quando Abrantes salientou o fato de nenhum dos inquéritos, nem o exame dos corpos trazer nenhuma partícula de evidência para suportar a acusação de assassinato, Christie cometeu um dos seus erros típicos. Observou a Abrantes não se poder dar muita fé ao testemunho dos

78. José Pereira Pinto a Callado, Rio Grande, 9 de maio de 1862. *Ibid.*, pp. 63-66.
79. Abrantes a Christie, Rio de Janeiro, 6 de setembro de 1862, anexo. *Ibid.*, pp. 90-91; Christie a Warren, Rio de Janeiro, 13 de setembro de 1862, incluído em Christie a Russell, Rio de Janeiro, 24 de setembro de 1862. Nº 58, "Correspondence", *Sessional Papers,* 1863, LXXIII, 220-222.
80. Warren a Christie, *Forte*, Rio de Janeiro, 23 de setembro de 1862, incluído em Christie a Russell, Rio de Janeiro, 24 de setembro de 1862. Nº 58, "Correspondence", *Sessional Papers*, 1863, LXXIII, 220-222.
81. *Ibid.*, p. 221.
82. *Ibid.*, pp. 221, 222; cf. isto .com Vereker ao Board of Trade, Rio Grande, 25 de junho de 1861, incluído em Vereker a Russell, Rio Grande, 25 de junho de 1861. Nº 1, *ibid.*, p. 126; e Vereker a Bitancourt, Rio Grande, 20 de junho de 1861, extrato, incluído em Vereker a Russell, Rio Grande, 15 de julho de 1861. Nº 2, *ibid.*, p. 129.

habitantes de Albardão pois podiam ser "testemunhas interessadas". Nem podia ele fiar-se nos oficiais da alfândega que foram à cena do naufrágio com Vereker, pois não era possível que eles pudessem

saber mais que Mr. Vereker ou qualquer outra pessoa que não tivesse estado na praia na ocasião do naufrágio[83].

Christie mesmo deveria ter visto, como Abrantes o fez ver, que fora Vereker, que não podia saber mais que os oficiais da alfândega, quem eliminara todas as testemunhas possíveis[84].

Por fim a Grã-Bretanha declarou que as exigências de reparações não se baseavam nas queixas referentes ao assassínio da tripulação, admitindo não haver evidências suficientes[85]. Ainda assim, posteriormente, um estudioso aceitou o assassinato como fato provado e justificou as ações inglesas que tinham tido isto por base[86]. Nossa conclusão é que o governo britânico estava livre para suspeitar o que quisesse, mas não havia de forma alguma provas suficientes para fazer dessas suspeitas base para represálias. Mesmo o melhor promotor público teria algum embaraço com o fato dos cadáveres das "vítimas" terem desaparecido!

O aspecto final da questão a ser considerado é o fato alegado por Christie de não ter sido tomada providência alguma para elucidar o caso, senão sob pressão britânica. Christie afirmou não poder o governo brasileiro, para não pagar indenizações, alegar providências tomadas somente sob sua pressão[87]. Quando Abrantes retrucou ter o governo

---

83. Christie a Abrantes, Rio de Janeiro, 18 de setembro de 1862, incluído em Christie a Russell, Rio de Janeiro, 24 de setembro de 1862. Nº 58, *ibid.*, p. 219.

84. Abrantes a Christie, Rio de Janeiro, 20 de outubro de 1862. *Relatório*, 1863, Anexo I, p. 98.

85. Christie a Abrantes, Petrópolis, 5 de dezembro de 1862, incluído em Christie a Russell, Rio de Janeiro, 15 de dezembro de 1862. Nº 70, "Correspondence", *Sessional Papers*, 1863, LXXIII, 235; Christie a Abrantes, Rio de Janeiro, 30 de dezembro de 1862, incluído em Christie a Russell, Rio de Janeiro, 8 de janeiro de 1863. Nº 72, *ibid.*, p. 255.

86. EVELYN SPEYER COLBERT, *Retaliation in International Law* (Nova York, 1948), p. 71.

87. Abrantes a Christie, Rio de Janeiro, 6 de agosto de 1862. *Relatório*, 1863, Anexo I, p. 70. Christie a Abrantes, Rio de Janeiro, 14 de agosto de 1862; Christie a Abrantes, Rio de Janeiro,

central agido previamente a qualquer pedido britânico e ter continuado a agir independente disto, Christie respondeu não estar convencido da verdade desta assertiva e que não o estaria até a correspondência do governo brasileiro ser publicada[88]. Abrantes, a vista disso, desesperou-se dizendo que se sua palavra não era aceita não haveria vantagem enviar a Christie a própria correspondência, pois ele a poderia considerar forjada. Recusando-se a dizer mais nada sobre o assunto, Abrantes interrompeu esta inútil troca de cartas[89].

Não existindo evidência alguma que possa nos autorizar a declarar a correspondência como forjada, somos levados à conclusão de que os brasileiros fizeram muita coisa por sua própria vontade. As autoridades provinciais esforçaram-se energicamente para trazer alguma luz à questão. Organizaram duas investigações, indiciaram um total de onze pessoas, e não abandonaram a perseguição aos que fugiram[90]. Finalmente, os brasileiros podiam, com razão senão com sanção internacional, apelar para a dificuldade de executar a lei numa área tão escassamente povoada, separada de um país estrangeiro apenas por um lago.

O governo central parece ter tomado todas as medidas cabíveis. Em agosto de 1861, logo ao saber do acontecido, e muito antes do Ministro Britânico ter feito apelos, ordens foram dadas para uma investigação completa e estas ordens foram reiteradas fortemente em outubro e dezembro de 1861[91]. Em abril de 1862, o governo central instruiu o presidente da Província para usar

22 de agosto de 1862, ambos incluídos em Christie a Russell, Rio de Janeiro, 23 de agosto de 1862. Nº 49, "Correspondence", *Sessional Papers*, LXIII, 1863, 198 a 202, respectivamente.

88. Abrantes a Christie, Rio de Janeiro, 16 de agosto de 1862. *Relatório*, 1863, Anexo I, pp. 78-79. Christie a Abrantes, Rio de Janeiro, 18 de setembro de 1862, incluído em Christie a Russell, Rio de Janeiro, 24 de setembro de 1862. Nº 58, "Correspondence", *Sessional Papers*, 1863, LXXIII, 218.

89. Abrantes a Christie, Rio de Janeiro, 6 de setembro de 1862. *Relatório*, 1863, Anexo I, p. 87; Abrantes a Christie, Rio de Janeiro, 20 de outubro de 1862. *Ibid.*, p. 97.

90. Que a perseguição continuou está substanciado em outro aprisionamento, Canarim a Sinimbu, Rio Grande, 14 de janeiro de 1863. *Relatório*, 1863, Anexo I, p. 182.

91. Taques a Leão, Rio de Janeiro, 10 de agosto de 1861. *Ibid.*, p. 6; Taques ao Presidente, Rio de Janeiro, 30 de outubro de

força, dinheiro, requisições às autoridades do Estado vizinho, em uma palavra tudo para conseguir o resultado que se deseja

e novas ordens com o mesmo fim foram dadas em maio e julho[92]. Isto não quer dizer, é claro, que a pressão inglesa fosse um fator sem importância na explicação das ações brasileiras; mas, parece claro, que não se pode cingi-las apenas a esta pressão e que, portanto, os brasileiros podiam, com justiça, alegar as suas ações como defesa no pedido de indenizações.

Russell fez este pedido oficialmente em outubro de 1862. Estava inteiramente exasperado, nesta ocasião, com o vagar com que as autoridades brasileiras conseguiam algum resultado para resolver o caso. Havia requerido a ação em setembro de 1861, mas, pelo que se podia ver, pouco tinha acontecido[93]. Em fevereiro de 1862 sugeriu que deviam ser pagas compensações aos proprietários do navio e aos parentes sobreviventes daqueles que se podia provar terem sido assassinados[94]. Não teve resultado satisfatório quando repetiu esta sugestão em julho[95]. Finalmente, em 8 de outubro de 1862, depois de rever todo o caso, considerou as autoridades locais culpáveis de negligência e pediu ao governo brasileiro para indenizar os proprietários do *Prince of Wales*, com soma a ser decidida por arbítrio depois do governo brasileiro admitir o princípio[96].

Neste meio tempo, entretanto, ocorreu um segundo incidente que tornou-se base de queixas futuras. Indicando que os tribunais brasileiros não mereciam ser reconhecidos pelas nações "civilizadas", o governo inglês propôs que um oficial britânico participasse das investigações do caso

1861. *Ibid.*, p. 10; Taques ao Presidente, Rio de Janeiro, 26 de dezembro de 1861. *Ibid.*, pp. 14-15.

92. Do governo imperial ao presidente, Rio de Janeiro, 22 de abril de 1862, extrato. *Ibid.*, p. 26; Taques a Rocha, Rio de Janeiro, 11 de maio de 1862. *Ibid.*, pp. 31-32. Abrantes ao Presidente, Rio de Janeiro, 19 de julho de 1862. *Ibid.*, p. 67.

93. Russell a Baillie, Foreign Office, 6 de setembro de 1861. No 5, "Correspondence", *Sessional Papers*, 1863, LXXIII, 131.

94. Russell a Christie, Foreign Office, 8 de fevereiro de 1862. No 22, *ibid.*, p. 143.

95. Russell a Christie, Foreign Office, 23 de julho de 1862. No 39, *ibid.*, p. 165.

96. Russell a Christie, Foreign Office, 8 de outubro de 1862. No 52, *ibid.*, pp. 205-206.

Prince of Wales. A recusa brasileira a esta proposta foi tomada como um insulto à Marinha britânica.

Quando Russell em setembro ouviu falar, pela primeira vez, do naufrágio, ordenou ao Almirante Warren que mandasse um oficial ao local para acompanhar o inquérito[97]. Vereker, entretanto, aconselhou não crer que a presença do oficial pudesse ser útil a menos que fosse o resultado de "instruções do governo brasileiro" e o projeto foi temporariamente abandonado[98]. O bom julgamento de Vereker, entretanto, não foi reconhecido por seus superiores.

Em março de 1862, Christie resolveu assumir a responsabilidade de pedir a Warren que mandasse um vaso de guerra ao Rio Grande com um oficial de alta patente e importância, capaz de assistir Vereker no inquérito que talvez fosse instituído[99]. Simultaneamente, informou ao Ministro do Exterior brasileiro que enviara tal oficial para acompanhar

qualquer inquérito que pudesse ser instaurado, se tal cooperação fosse agradável ao governo imperial[100].

O envio do oficial, então, não teve a aprovação do governo brasileiro como sugerira Vereker. Isto não pode, certamente, provar que Christie procurava algum incidente que pudesse apoiar seus ataques ao governo brasileiro mas é improvável que desconhecesse a probabilidade dos brasileiros rejeitarem a oferta.

O Capitão-Almirante do *Forte*, Thomas Saumarez, chegou ao Rio Grande logo em seguida, levando consigo um

97. Russell a Baillie, Foreign Office, 6 de setembro de 1861. Nº 5, *ibid.*, p. 131. Ver também Baillie a Russell, Rio de Janeiro, 5 de novembro de 1861. Nº 2, *ibid.*, p. 134.

98. Vereker a Baillie, Rio Grande, 2 de dezembro de 1861, incluído em Baillie a Russell, Rio. de Janeiro, 6 de janeiro de 1862. Nº 20, *ibid.*, p. 142; Warren ao Almirante, *Forte*, no mar, 23 de dezembro de 1861, incluído em W. G. Romaine a Layard, Almirantado, 4 de fevereiro de 1862. Nº 21, *ibid.*, p. 142.

99. Cf. Russell a Baillie, Foreign Office, 8 de fevereiro de 1862. Nº 22, *ibid.*, p. 143, com Christie a Warren, Petrópolis, 17 de março de 1862, incluído em C. Paget a Layard, Almirantado, 3 de junho de 1862. Nº 30, *ibid.*, pp. 156-157.

100. Christie a Taques, Petrópolis, 17 de março de 1862, incluído em Christie a Russell, Rio de Janeiro, 5 de maio de 1862. Nº 27, *ibid.*, p. 152.

bote armado para cruzar a entrada do porto[101]. A 6 de abril Saumarez e Vereker viajaram 180 milhas através da lagoa dos Patos a Porto Alegre para falar pessoalmente com o presidente. Acreditavam que

a presença de um dos navios de Sua Majestade tão próximo do centro da província daria grande força... e aumentaria o peso de nossas reclamações[102].

É importante notar que Vereker informou o presidente em sua primeira nota estar o barco de Saumarez armado com cinqüenta e um canhões[103].

Vereker insistiu em ser Saumarez reconhecido como ocupando posição especial na investigação[104]. Mas alegou o presidente não ter recebido ordens sobre o assunto, não podendo assim reconhecer o capitão como representante oficial[105]. Finalmente Vereker concordou com a decisão do presidente e disse que Saumarez estaria presente ao inquérito numa qualidade não oficial[106].

Numa parte do memorandum escrito por Vereker sobre as conversações, lê-se:

o Cônsul... observou que dependeria inteiramente da descrição de Sua Excelência sobre se ordenaria inquérito imediato ou esperaria instruções.

do governo central[107]. É esta a única vez, no memorandum

101. Orders addressed to Capitain Saumarez, *Forte*, Montevidéu, 31 de março de 1862, incluídos em Paget a Layard, Almirantado, 3 de junho de 1862. Nº 30, *ibid.*, p. 157.

102. Saumarez a Warren, *Forte*, Montevidéu, 21 de abril de 1862, incluído em Paget a Laéard, Almirantado, 3 de junho de 1862. Nº 30, *ibid.*, p. 157.

103. Vereker a Rocha, Porto Alegre, 6 de abril de 1862, incluído em Vereker a Russell, Rio Grande, 14 de abril de 1862. Nº 26, *ibid.*, p. 147.

104. Vereker a Russell, Rio Grande, 14 de abril de 1862. Nº 26, *ibid.* p. 146.

105. Memorandum of a conversation teld on the 7th of April, 1862..., incluído em Vereker a Russell, Rio Grande, 14 de abril de 1862. Nº 26, *ibid.*, p. 149; Rocha ao governo imperial, Porto Alegre, 10 de abril de 1862, extrato. *Relatório*, 1863, Anexo I, p. 15.

106. Vereker a Rocha, *Sheldrake*, Porto Alegre, 8 de abril de 1862, incluído em Vereker a Russell, Rio Grande, 14 de abril de 1862. Nº 26, "Correspondence", *Sessional Papers*, LXXIII, 150.

107. Memorandum of a conversation teld on the 7th of April, 1862..., incluído em Vereker a Russell, Rio Grande, 14 de

inteiro, que a palavra "imediato" é usada; ainda que, numa quase subseqüente referência ao caso afirmou-se que o presidente concordou com um inquérito imediato. O presidente tinha, ao contrário, sugerido que a presença de navios de guerra britânicos causariam com mais facilidade a fuga dos culpados do que qualquer demora por parte das autoridades[108].

Desde que até 17 de abril não havia ainda sido instituído o inquérito, Saumarez deixou o Rio Grande, sem ter executado seus propósitos. Vereker decidira que a continuada presença de Saumarez implicaria estarem os ingleses

"esperando a conveniência das autoridades provinciais", e acrescentou "a reclamação feita pelo governo de Sua Majestade foi recebida com cortesia insuficiente, ou dizendo melhor, pouco respeito"[109].

Saumarez no seu retorno comunicou ao Almirante Warren ter o presidente da Província prometido "um inquérito imediato e completo" — o que talvez não seja uma declaração surpreendente pois Saumarez não compreendia o português[110]. Warren não perdeu a ocasião para declarar que deixar um oficial como Saumarez esperando dez dias sem resultado nenhum havia sido "grande falta de cortesia"[111]. Christie ao informar todo o caso aos seus supe-

abril de 1862. Nọ 26, *ibid.*, p. 149; sobre a exatidão do memorandum, cf. Vereker a Russell, Rio Grande, 14 de abril de 1862. Nọ 26, *ibid.*, p. 146, com Luís José Carvalho Melo Matos a Vereker, Porto Alegre, 23 de abril de 1862. *Relatório*, 1863, Anexo I, p. 28.

108. Rocha ao governo imperial, Porto Alegre, 10 de abril de 1862, extrato, *Relatório*, 1863, Anexo I, pp. 15-16.

109. Vereker a Russell, Rio Grande, 16 de abril de 1862. Nọ 31, "Correspondence", *Sessional Papers*, 1863, LXXIII, 158; Saumarez a Vereker, *Sheldrake*, Rio Grande, 16 de abril de 1862, incluído na carta acima, *ibid.*, p. 159; Vereker a Saumarez, Rio Grande, 16 de abril de 1862, incluído em Christie a Russell, Rio de Janeiro, 7 de maio de 1862. Nọ 28, *ibid.*, p. 155; Saumarez a Warren, *Forte*, Montevidéu, 21 de abril de 1862, incluído em Paget a Layard, Almirantado, 3 de junho de 1862. Nọ 30, *ibid.*, p. 158.

110. Saumarez a Warren, *Forte*, Montevidéu, 21 de abril de 1862, incluído em Paget a Layard, Almirantado, 3 de junho de 1862. Nọ 30, *ibid.*, 158; Vereker teve que traduzir para Saumarez: Memorandum of a conversation teld on the 7th of April, 1862, incluído em Vereker a Russell, Rio Grande, 14 de abril de 1862. Nọ 26, *ibid.*, p. 149.

111. Warren a Christie, *Forte*, Montevidéu, 23 de abril de 1862, incluído em Christie a Russell, Rio de Janeiro, 7 de maio de 1862. Nọ 28, *ibid.*, p. 154.

106

riores consultou como deveria agir com respeito a esta falta de cortesia. Russell insistiu em um "inquérito apropriado" no caso *Prince of Wales*, estando um oficial britânico presente[112].

Em julho, Christie iniciou uma longa correspondência com Abrantes sobre o caso Saumarez que durou até outubro. Começa com fortes queixas pelo fato de ter sido deixado Saumarez esperar tanto tempo e ter que se retirar antes de qualquer inquérito ser iniciado. Acentua também a exigência de Russell da presença de um oficial inglês, não esclarecendo se este desejava um oficial naval (ou simplesmente um representante do governo britânico) nem se o reconhecimento oficial fizesse parte do pedido[113].

Em resposta às notas de Christie, Abrantes salientou que a presença do oficial naval de modo nenhum poderia influenciar o curso da justiça desde que os tribunais brasileiros estavam completamente aptos para resolver o problema. Desde que o presidente da Província não tinha marcado data definitiva para o inquérito proposto, não havia campo para queixas sobre qualquer demora. Além disso, se Saumarez aceitou uma posição particular, dificilmente poderia esperar que as autoridades levassem seus planos em consideração[114]. Em conseqüência, não havia desrespeito nas ações dos oficiais brasileiros para com a Marinha britânica[115].

Abrantes também salientara que o maior obstáculo ao início do inquérito tinha sido a presença dos navios ingleses. Isto levara a população a sentir que o curso da justiça era resultado da pressão britânica e sua oposição, dever patriótico[116]. Christie replicou não entender como

poder-se-ia ver alguma ameaça na presença de dois pequenos navios[117].

112. Christie a Russell, Rio de Janeiro, 7 de maio de 1862. Nº 28, *ibid.*, p. 154; Russell a Christie, Foreign Office, 4 de junho de 1862. Nº 29, *ibid.*, p. 156.

113. Christie a Abrantes, Rio de Janeiro, 16 de julho de 1862, incluído em Christie a Russell, Rio de Janeiro, 20 de julho de 1862. Nº 43, *ibid.*, p. 175.

114. Abrantes a Christie, Rio de Janeiro, 6 de agosto de 1862. *Relatório*, Anexo, I, p. 68.

115. Abrantes a Christie, Rio de Janeiro, 6 de setembro de 1862. *Ibid.*, pp. 84-86.

116. *Idem.*

117. Christie a Abrantes, Rio de Janeiro, 22 de agosto de

Mas Abrantes salientou não ser o tamanho dos navios, e sim o que eles representavam — uma grande e poderosa nação — o que estava em questão. A presença desses navios só poderia ser interpretada como uma tentativa do governo britânico para mostrar sua influência e simbolizar seu poder[118].

Christie mudou então o campo de suas críticas ao governo brasileiro por não ter avisado ao presidente da Província que um oficial naval inglês aí se apresentaria, de modo que a vinda de Saumarez fosse esperada[119]. Abrantes, por seu turno, perguntou se a ação de Christie, ordenando a ida de Saumarez ao Rio Grande, antes de receber resposta do governo brasileiro, não teria sido, também, uma grande falta de cortesia[120]. Assim, para cada questão de Christie, Abrantes tinha resposta; o incidente não tinha os ingredientes necessários para propiciar oportunidade de querelas.

Christie estava inteirado, desde o começo da correspondência, do solo movediço no qual se apoiava e já havia sugerido a Russell que talvez este pudesse modificar ou retratar seus pedidos[121]. Agora, no princípio de novembro, interrompeu a correspondência com o Ministro do Exterior brasileiro, tecendo comentários a Russell, dizendo, que o governo brasileiro queria cobrir seus erros no caso com "sofismas". Teve também a temeridade de se referir ao tom em que eram vasadas as notas brasileiras, que para ele não pareciam "muito convenientes"[122]. Christie não mais precisava do caso Saumarez, porque apareceu outro que se adaptava muito mais às exigências britânicas.

A 17 de junho três oficiais, incluindo o capelão, do navio inglês *Forte*, fizeram, em roupas civis, uma recrea-

1862, incluído em Christie a Russell, Rio de Janeiro, 23 de agosto de 1862. Nº 49, "Correspondence", *Sessional Papers*, LXXIII, 202.

118. Abrantes a Christie, Rio de Janeiro, 6 de setembro de 1862. *Relatório*, 1863, Anexo I, pp. 84-86.

119. Christie a Abrantes, Rio de Janeiro, 22 de agosto de 1862, incluído em Christie a Russell, Rio de Janeiro, 23 de agosto de 1862. Nº 49, "Correspondence", *Sessional Papers*, 1863, LXXIII, 202.

120. Abrantes a Christie, Rio de Janeiro, 6 de setembro de 1862, *Relatório*, 1863, Anexo I, pp. 84-86; Taques a Christie, 19 de abril de 1862. *Ibid.*, p. 24.

121. Christie a Russell, Rio de Janeiro, 20 de julho de 1862. Nº 43, "Correspondence", *Sessional Papers*, 1863, LXXIII, 174.

122. Christie a Russell, 6 de novembro de 1862. Nº 64, *ibid.*, pp. 225 e 226.

tiva excursão ao popular recanto das montanhas da Tijuca, perto do Rio de Janeiro. De acordo com seu depoimento, caminhavam pacificamente ao longo do caminho que levava ao ponto onde se encontrava a condução que os levaria de volta ao Rio. Quando passavam pelo destacamento policial a sentinela dirigiu-se a eles ameaçadoramente. Como nenhum dos oficiais falasse português, o capelão, que ia à frente, perguntou em espanhol: "Que quer o senhor?" A essa inocente pergunta, a sentinela bateu no peito do capelão com a coronha de seu fuzil e o tocou com a ponta de sua baioneta, ao mesmo tempo em que gritava pela guarda. A última atendeu prontamente, aprisionando todos três, com brutalidade e os fechou na prisão. O oficial da guarda perguntou-lhes os nomes e graduação, mas em seguida rasgou o papel no qual escreveu a resposta. Ainda que certamente entendessem, por intermédio de um intérprete, que eram oficiais, ainda assim os brasileiros recusaram-se a soltá-los. Na manhã seguinte, ordenaram-lhes ir para o Rio a pé. Ofereceram-se para pagar uma condução, mas lhes foi dito que, mesmo sendo oficiais, não passavam de simples prisioneiros[123].

O relato brasileiro dos acontecimentos foi bem diferente. A 2 de julho foram interrogados quase todos os envolvidos no caso e de seu testemunho emergiu a seguinte história. Os oficiais tinham bebido e deixaram o hotel onde jantaram, cantando alegremente[124]. Antes de atingir o destacamento policial, molestaram uma mulher e tentaram desmontar um cavaleiro (os oficiais sustentaram que, ao contrário, até "demos alguns cobres aos pretos")[125].

123. G. Clemenger a Saumarez, *Forte*, Rio de Janeiro, 20 de junho de 1862; Eliot Pringle a Saumarez, *Forte*, Rio de Janeiro, 20 de junho de 1862; Geoffrey Hornby a Saumarez, *Forte*, Rio de Janeiro, 20 de junho de 1862, tudo incluído em Christie a Russell, Rio de Janeiro, 7 de agosto de 1862. Nº 45, *ibid.*, pp. 178-180; Reply of Clemenger. . ., Pringle, and Hornby. . ., incluído na mesma carta. Nº 45, *ibid.*, pp. 182-184; Clemenger, Pringle e Hornby a Warren, *Forte*, Rio de Janeiro, 16 de agosto de 1862, incluído em Christie a Russell, Rio de Janeiro, 23 de agosto de 1862. Nº 48, *ibid.*, pp. 191-193.

124. Interrogatórios. . . *Relatório*, 1863, Anexo I, p. 106; cf. com. Deposition. . ., incluído em Christie a Russell, Rio de Janeiro, 23 de agosto de 1862. Nº 48, "Correspondence", *Sessional Papers*, 1863, LXXIII, 190 n.

125. Interrogatórios. . . *Relatório*, 1863, Anexo I, pp. 103-105; Clemenger, Pringle e Hornby a Warren, *Forte*, Rio de Janeiro,

Ao atingir a casa da guarda o capelão subiu uns degraus e perguntou à sentinela: "Que figura faz você aí?" A sentinela mandou-o andar, mas, ao invés disso, o capelão disse que os soldados brasileiros eram uns miseráveis e serviam apenas para serem pegados pelos pés e cobertos de pontapés. Nisso tentou agarrar as pernas da sentinela. Este bateu-lhe com a coronha de seu fuzil, fixou a baioneta para defender-se dos outros dois que avançavam com suas bengalas e chamou a guarda. Os três ingleses lutaram ferozmente, sendo necessária força para submetê-los e encarcerá-los. Na prisão proferiram vociferações, abusaram dos móveis, causando um distúrbio geral. O oficial da guarda perguntou-lhes seus nomes, porém estes fingiram não entender português e recusaram-se a responder. Foi então chamado um intérprete, que sabia falar alemão. Mas os oficiais continuaram a insultar os brasileiros e a recusarem-se a dizer os seus nomes. Numa ocasião, quando solicitados a dizer nomes e graduação, um deles escreveu alguma coisa num pedaço de papel, mas quando o entregava o capelão tomou-o e rasgou-o. Finalmente o oficial da guarda disse que as únicas ordens que recebera referentes ao tratamento de prisioneiros, era levá-los a pé para o Rio[126].

Os oficiais britânicos, não só negaram tudo isso, mas afirmaram que, embora nenhum deles usasse uniforme, um usava um colete naval, com botões em forma de âncoras, para os quais eles chamaram a atenção dos brasileiros[127]. Christie fez disso ponto de apoio para suas queixas, o que levou um crítico a dizer que a Grã-Bretanha estava pronta a ir

à guerra, porque as autoridades de um país estrangeiro não compreendiam o que um guarda-marinha queria dar a entender ao apelar para seus botões[128].

16 de agosto de 1862, incluído em Christie a Russell, Rio de Janeiro, 23 de agosto de 1862. Nº 48, "Correspondence", *Sessional Papers*, LXXIII, 192.
126. Interrogatórios. . . *Relatório*, 1863, Anexo I, pp. 102-107.
127. *Ibid.*, p. 105; Clemenger, Pringle e Hornby a Warren, *Forte*, Rio de Janeiro, 16 de agosto de 1862, incluído em Christie a Russell, Rio de Janeiro, 23 de agosto de 1862. Nº 48, "Correspondence", *Sessional Papers*, 1863, LXXIII, 193.
128. Christie a Russell, Rio de Janeiro, 23 de agosto de 1862. Nº 48, "Correspondence", *Sessional Papers*, 1863, LXXIII, 186; Discurso de Robert Cecil (posteriormente Primeiro Ministro

À sua chegada ao Rio os oficiais, sem dúvida ainda apontando para seus botões, foram jogados no que eles chamaram

um antro desagradável... entre todos os desordeiros da cidade[129].

Lá permaneceram 2 horas até a chegada do cônsul, que os removeu para uma prisão melhor, aonde foram tratados de um modo mais condizente com a sua posição, ali permanecendo até o dia seguinte, quando foram soltos. Nunca foram proferidas acusações contra eles[130]. Mais tarde, o chefe de polícia confirmou que ao receber o relato dos acontecimentos da casa da guarda e ao verificar

serem os atos praticados pelos oficiais meramente resultantes do estado em que se achavam na ocasião, determinei logo que os soltassem[131].

Alegaram os britânicos que a acusação de embriaguez foi feita pelos brasileiros apenas para

dar cor às suas acusações falsas e esconder seu procedimento covarde[132].

O acontecido logo tornou-se matéria de correspondência diplomática. A 24 de junho, Christie foi informado do caso pelo Almirante Warren. Referia-se este ao caso como um "ultraje atroz" e "brutal"[133], e dizia ser, no seu modo de pensar, caso

mais sério do que aquele pelo qual recebeu, sob ameaça de força, recentemente, em Montevidéu

Salisbury), Câmara dos Comuns, 6 de março de 1863. *Hansard*, XLXIX (1863), 1156.

129. Hornby a Saumarez, *Forte*, Rio de Janeiro, 20 de junho de 1862, incluído em Christie a Russell, Rio de Janeiro, 7 de agosto de 1862. Nº 45, "Correspondence", *Sessional Papers*, LXXIII, 179.

130. Pringle a Saumarez, *Forte*, Rio de Janeiro, 20 de junho de 1862, incluído em Christie a Russell, Rio de Janeiro, 7 de agosto de 1862. Nº 45, *ibid.*, p. 179.

131. Agostinho Luís da Gama a Sinimbu, Rio de Janeiro, 5 de julho de 1862. *Relatório*, 1863, Anexo I, p. 102.

132. Réplica de... Clemenger..., Pringle, e... Hornby, incluído em Christie a Russell, Rio de Janeiro, 7 de agosto de 1862. Nº 45, "Correspondence", *Sessional Papers*, 1863, LXXIII, 184.

133. Warren a Christie, *Forte*, Rio de Janeiro, 22 de junho de 1862, incluído em Christie a Russell, Rio de Janeiro, 7 de agosto de 1862. Nº 45, *ibid.*, p. 177.

(onde, provavelmente, garantira o pagamento de indenizações a súditos britânicos por danos causados durante as guerras da última década)[134].

Christie não confiava muito no resultado do inquérito realizado pelos brasileiros. Acusou ter o retardamento deste permitido aos soldados arquitetar uma defesa[135]; e clamava ser o relato inteiro uma "história inventada"[136]. Salientava o fato de ser a sentinela um homem da "mais baixa classe", o intérprete germânico um desconhecido e a brutalidade costumeira dos soldados brasileiros suficiente para explicar as ações da sentinela[137]. Mais tarde, Russell salientou, como uma das razões para ressentimento dos soldados brasileiros contra a Inglaterra, as reclamações desta no caso *Prince of Wales*[138].

Um incidente como o do *Forte* era o que os ingleses estavam esperando. Logo a 22 de junho, dois dias depois dos oficiais serem libertados, Warren sugeria a necessidade de reparações[139] e a 6 de agosto ainda repetia a mesma

---

134. Christie a Russell, Rio de Janeiro, 7 de agosto de 1852. Nº 45, *ibid.*, p. 176; JUAN E. PIVEL DEVOTO e ALCIRA RANIERI DE PIVEL DEVOTO, *Historia de la Republica Oriental de Uruguay (1830-1930)*, (Montevidéu, 1945), pp. 325-326.

135. Christie a Abrantes, Rio de Janeiro, 19 de agosto de 1862, incluído em Christie a Russell, Rio de Janeiro, 23 de agosto de 1862. Nº 48, "Correspondence", *Sessional Papers*, 1863, LXXIII, 194.

136. Christie a Russell, Rio de Janeiro, 23 de agosto de 1862. Nº 48, *ibid.*, p. 186.

137. Christie a Russell, Rio de Janeiro, 23 de agosto de 1862. Nº 48, *ibid.*, p. 186; Reply to the Brazilian Memorandum on the questions of the officers of H. M. S. *Forte*, incluído em Christie a Russell, Rio de Janeiro, 23 de janeiro de 1863. Nº 3, "Further Correspondence respecting the Plunder of the Wreck of the British Barque 'Prince of Wales'; and the Ill — treatment of Officers of Her Majesty's ship 'Forte'", *Readex Microprint*, ed. Edgar L. Erickson, *British Sessional Papers*, L-C, 26 de fevereiro de 1863 (3094), LXXIII, 283.

138. "Copy of Case Submitted, on Behalf of Her Majesty's Government, to the Arbitration of His Majesty the King of the Belgians, in the Case of the Officers of the 'Fort(e)'", *Readex Microprint*, ed. Edgar L. Erickson, *British Sessional Papers*, L-C 26 de junho de 1863 (impressão ordenada pela Câmara dos Lordes em 29 de junho de 1863), LXXIII, 332-333.

139. Warren a Christie, *Forte*, Rio de Janeiro, 22 de junho de 1862, incluído em Christie a Russell, Rio de Janeiro, 7 de agosto de 1862. Nº 45, "Correspondence", *Sessional Papers*, 1863, LXXIII, 177.

112

reclamação[140]. Christie provavelmente já pensava em represália nos princípios de agosto, pois fazia planos para conduzir o caso do *Forte* a uma solução antes do Almirante deixar o local[141]. Christie sugeriu a Abrantes que o Brasil devia oferecer satisfações à Inglaterra antes de esperar pelo *veredictum* inglês[142]. Neste meio tempo, sugeria a Russell os termos apropriados para qualquer pedido que fosse iniciado: I — demissão do oficial da guarda; II — punição da sentinela; III — desculpas públicas por parte do governo brasileiro e IV — censura pública ao chefe de polícia[143]. Chegara à conclusão de serem estas as sugestões indicadas com a ajuda do Almirante Warren[144]. Russell as apoiou quase palavra por palavra[145]. A 8 de outubro escreveu que depois de ter estudado o assunto só podia

chegar à conclusão que a versão dada pelos três oficiais era a verdadeira, e que a defesa feita pelos brasileiros era indigna de crédito[146].

Ainda que possamos duvidar de como as palavras de oficiais de uma só nação tivessem o monopólio da verdade, mesmo assim não se poderia de modo razoável esperar que Russell não confiasse nas palavras dos oficiais ingleses. Mas o *pivot* do caso, mesmo como eles o contaram — uma vez que admitiam estar sem uniformes e não falar português — é que tudo isso não era motivo suficiente para reclamações. Faz parte da natureza humana o fato de que onde existir jovens oficiais estrangeiros há sempre lugar para desentendimentos como este, a maior parte dos quais

140. Warren ao Almirantado, *Forte*, Rio de Janeiro, 6 de agosto de 1862, incluído em Romaine a Layard, Almirantado, 3 de setembro de 1862. Nº 46, *ibid.*, p. 185.

141. Christie a Russell, Rio de Janeiro, 7 de agosto de 1862. Nº 45, *ibid.*, p. 176.

142. Christie a Abrantes, Rio de Janeiro, 19 de agosto de 1862, incluído em Christie a Russell, Rio de Janeiro, 23 de agosto de 1862. Nº 48, *ibid.*, p. 194.

143. Christie a Russell, Rio de Janeiro, 23 de agosto de 1862. Nº 48, *ibid.*, p. 186.

144. Warren ao Almirantado, *Forte*, Rio de Janeiro, 8 de setembro de 1862, incluído em Romaine a Layard, Almirantado, 4 de outubro de 1862. Nº 51, *ibid.*, p. 204.

145. Russell a Christie, Foreign Office, 8 de outubro de 1862. Nº 53, *ibid.*, p. 207.

146. *Ibid.*, p. 206.

113

poderiam ser transformados em incidentes, se assim o desejassem as partes interessadas. Pode-se suspeitar que o tratamento dado aos oficiais não foi assim tão rude nem tão conscientemente insultuoso para provocar represálias, a menos que houvesse outras forças provocando as ações britânicas[146a].

Em todo caso, o conflito entre a Inglaterra e o Brasil aproximava-se do seu clímax. No mesmo dia em que fizeram as exigências acima com respeito ao caso do *Forte*, Russell dava a conhecer os termos pelos quais a Inglaterra dar-se-ia por satisfeita no que se referia ao naufrágio do *Prince of Wales*. Pedia compensações do saque, uma vez que o governo brasileiro era

responsável pelas perdas causadas pelo procedimento culpável das autoridades.

Mencionava a soma reclamada pelos proprietários do navio e dizia que se o Brasil admitisse o princípio, a Inglaterra aceitaria arbitragem para que a soma fosse estabelecida[147]. Ao mesmo tempo Russell instruía Christie e Warren para planejarem juntos possíveis represálias[148].

Christie, entretanto, não entregou estas notas imediatamente ao recebê-las, mas decidiu esperar pelos detalhes e natureza das represálias sugeridas. Respondeu que à vista da posição recentemente tomada pelo governo brasileiro, Russell poderia usar

tom mais agressivo e talvez maiores exigências[149].

146a. De fato, em 1853 ocorreu um incidente com um Mr. Hale quase idêntico ao dos oficiais do *Forte*. Vide – Jeringham – a Limpo de Abreu, Rio de Janeiro, 24 de outubro de 1853. Legações estrangeiras, Grã-Bretanha, 1853, Arquivo Itamarati, 284-4-5; Sérgio Teixeira de Macedo a Limpo de Abreu, Londres, 7 de fevereiro de 1854. Nº 6, Legação Imperial na Inglaterra, 1854, Arquivo Itamarati, 217-3-8. Teixeira Macedo, o ministro brasileiro na Inglaterra temia que o incidente levasse à restauração do juiz conservador.

147. Russell a Christie, Foreign Office, 8 de outubro de 1862. Nº 52, *ibid.*, p. 206; cf. esta carta de Christie a Russell, Rio de Janeiro, 23 de agosto de 1862. Nº 49, *ibid.*, p. 195.

148. Russell a Christie, Foreign Office, 8 de outubro de 1862. Nº 54, *ibid.*, p. 207; E. Hammond ao Almirantado, Foreign Office, 8 de outubro de 1862. Nº 55, *ibid.*, p. 208.

149. Christie a Russell, Rio de Janeiro, 6 de novembro de 1862. Nº 65, *ibid.*, p. 230.

114

Em princípio de dezembro, Christie recebeu ordens para represálias: Russell queria evitar de toda forma qualquer ocasião que pudesse conduzir as Forças Armadas brasileiras a entrar em conflito com a Inglaterra[150]. Uma vez que Warren estava preparado para represálias, Christie estava pronto a agir[151].

Desse momento em diante as relações entre a Inglaterra e o Brasil podem ser divididas em três períodos distintos. O primeiro, de 5 a 31 de dezembro, foi de desenfreada agressividade por parte de Christie culminando com a ordem de represálias. O segundo, e também mais curto estágio da controvérsia anglo-brasileira, limitou-se à primeira semana do novo ano. Durante esse período Christie assumiu conduta por deveras conciliatória e o governo brasileiro acedeu às reclamações inglesas e as represálias terminaram. O período final, dilatando-se até os princípios de julho, caracteriza-se pela agressividade brasileira, culminando com pedidos ao governo inglês que só poderiam terminar com a ruptura de relações. Os três estágios estudados em conjunto revelam o balançar do pêndulo entre o *ultimatum* britânico e a retaliação brasileira.

O primeiro período começou quando Christie endereçou três notas ao Ministro do Exterior brasileiro. Em duas delas quase repetiu por inteiro as instruções de Russell de 8 de outubro, com respeito aos casos do *Prince of Wales* e *Forte*, respectivamente[152]. Na terceira pede resposta até 20 de dezembro, fazendo assim com que as três cartas em conjunto se transformem num *ultimatum*[153]. Aparentemente, isto foi feito mediante pressão do Almirante Warren que não queria ficar, ele e seus homens, durante o verão no porto quente e insalubre do Rio de Janeiro[154]. A atitude

150. Russell a Christie, Foreign Office, 8 de novembro de 1862. Nº 62, *ibid.*, p. 224.

151. Warren ao Almirantado, *Madagascar*, Rio de Janeiro, 7 de novembro de 1862, incluído em Paget a Hammond, Almirantado, 3 de dezembro de 1862. Nº 66, *ibid.*, p. 231.

152. Christie a Abrantes, Petrópolis, 5 de dezembro de 1862, incluído em Christie a Russell, Rio de Janeiro, 15 de dezembro de 1862. Nº 70, *ibid.*, pp. 233-234; e Christie a Abrantes, 5 de dezembro de 1862, incluído na mesma carta, *ibid.*, pp. 234-235.

153. Christie a Abrantes, Petrópolis, 5 de dezembro de 1862, incluído em Christie a Russell, Rio de Janeiro, 8 de dezembro de 1862. Nº 68, *ibid.*, p. 232.

154. Christie a Russell, Rio de Janeiro, 8 de dezembro de 1862, extrato. Nº 68, *ibid.*, p. 232; cf. Christie a Russell, Rio de Janeiro, 6 de novembro de 1862. Nº 65, *ibid.*, pp. 230-231; ver

de Christie nessa época é indicada por seu depoimento de que esperava

> trazer a lição agora ministrada, muitos benefícios para os interesses britânicos no Brasil, e ensinar que o governo de Sua Majestade, ainda que paciente e indulgente, não permitiria mesmo ninharias contra ele[155].

Abrantes conseguiu estender o limite do prazo até o dia 29 e neste dia apresentou a resposta brasileira. Ainda que deplorasse fossem adotadas represálias neste assunto tão trivial, o governo brasileiro negava-se a reconhecer a responsabilidade de que era acusado no caso do *Prince of Wales*; recusava-se a pagar indenizações aos proprietários do navio naufragado e aos parentes da tripulação; mas, "se fosse obrigado a ceder à força" — pagaria sob protesto tudo que Christie ou seu governo exigissem. Com respeito aos oficiais do *Forte*, Abrantes declarou que não se submeteria aos pedidos ingleses, achando mais honroso sofrer as conseqüências[156].

Na noite do dia seguinte, Christie escreveu sua resposta. Anunciou que o Almirante Warren começaria então as represálias, que eram, claro,

> "dentro dos limites do estado de paz" e "um modo reconhecido entre as nações para se obter justiça"[157].

Esta nota foi entregue a Abrantes na manhã de 31 de dezembro. Warren havia enviado um navio na noite precedente e ao nascer da aurora enviou outro. Sem nenhum esforço, interceptaram todos os navios brasileiros que aproximavam ou partiam do porto do Rio, levando-os para uma baía vizinha e conservando-os aí[158].

---

também Christie a Russell, Rio de Janeiro, 24 de dezembro de 1862. Nº 71, *ibid.*, p. 237; e Christie a Abrantes, Rio de Janeiro, 30 de dezembro de 1862, incluído em Christie a Russell, Rio de Janeiro, 8 de janeiro de 1863, extrato. Nº 72, *ibid.*, p. 254.

155. Christie a Russell, Rio de Janeiro, 8 de dezembro de 1862. Nº 68, *ibid.*, p. 232.

156. Abrantes a Christie, Rio de Janeiro, 29 de dezembro de 1862. *Relatório*, 1863, Anexo I, pp. 122-123.

157. Christie a Abrantes, Rio de Janeiro, 30 de dezembro de 1862, incluído em Christie a Russell, Rio de Janeiro, 8 de janeiro de 1863, extrato. Nº 72, "Correspondence", *Sessional Papers*, 1853, LXXIII, 256.

158. Christie a Russell, Rio de Janeiro, 8 de janeiro de 1863. Nº 72, *ibid.*, pp. 238-239; Christie a Warren, Rio de Janeiro, 30 de

No dia seguinte ao começo das represálias (primeiro de janeiro) percebe-se uma mudança no tom de Christie. O pêndulo começava a afastar-se da agressividade britânica. Christie escreveu a Abrantes que estava pronto.

a considerar... qualquer proposta raozável... como, por exemplo, entregar-se todas as questões em disputa a um árbitro imparcial[159].

No dia 3 do mesmo mês os diplomatas reuniram-se para traçar uma nota que fosse aceitável para ambas as partes. Não é possível avaliar-se por documentos utilizáveis se esta mudança de atitude foi o resultado do susto de Christie ao ver suas ações o levarem tão longe, ou se impressionasse com a opinião demonstrada na cidade para com suas ações. Possivelmente, foi o Barão de Mauá que conseguiu fazer Christie tomar uma atitude mais razoável[159a]. Em todo caso, deste ponto em diante nota-se uma nova direção nas negociações.

As notícias sobre as represálias iminentes causaram grande tumulto na cidade. Fizeram-se discursos na Bolsa de Mercadorias. Christie recebeu notas ameaçadoras, o governo brasileiro colocou guardas na sua residência, e ele temia sair à rua. Ao se saber das primeiras represálias a comoção foi ainda maior. Christie declarou que tal excitação não tinha sido vista desde os dias do *Aberdeen Act*. O imperador em pessoa falou ao povo em diferentes lugares da cidade, assegurando que a honra do Brasil seria salvaguardada[160]. A polícia teve que ser reforçada pelo exér-

---

dezembro de 1862, incluído na carta acima. Nº 72, *ibid.*, p. 256; Warren a Christie, *Forte*, Rio de Janeiro, 30 de dezembro de 1862, incluído na mesma carta. Nº 72, *ibid.*, p. 257; Warren a Christie, *Forte*, 4 de janeiro de 1863, incluído na mesma carta. Nº 72, *ibid.*, p. 266. Warren ao Almirantado, *Forte*, Rio de Janeiro, 8 de janeiro de 1863, e Orders addressed to Commander Henry, *Forte*, Rio de Janeiro, 30 de dezembro de 1862, ambas incluídas em Romaine a Hammond, Almirantado, 4 de fevereiro de 1863. Nº 75, *ibid.*, pp. 273-274.

159. Christie a Abrantes, Rio de Janeiro, 1 de janeiro de 1863, incluído em Christie a Russell, Rio de Janeiro, 8 de janeiro de 1862. Nº 72, *ibid.*, p. 261.

159a. Mauá ao marquês de Olinda, 1 de janeiro a 3 de janeiro de 1863. Arquivo MIP, Maço CXXXIII, Doc. 6546.

160. Christie a Russell, Rio de Janeiro, 6 de janeiro de 1863, extrato. Nº 72, *ibid.*, pp. 239-240.

cito[161]. O consulado britânico foi cercado pela multidão e Christie pensou em colocar marinheiros como guardas[162]. De fato, sabe-se que só não o fez devido à insistência do próprio cônsul[163].

A 3 de janeiro o secretário particular de Abrantes e Christie trabalharam na elaboração de um *memorandum* que servisse como minuta de um acordo. O Brasil concordava pagar sob protesto o que o governo inglês exigia no caso do *Prince of Wales* e submeteria o assunto *Forte* ao arbitramento. O governo inglês estava livre de aceitar ou rejeitar o que seu representante e os brasileiros elaborassem. Também toda a correspondência sobre o assunto deveria ser publicada pelo Brasil[164]. Foi apenas a 6 de janeiro que Christie apresentou formalmente a nota final sobre o assunto, datada de 5 do mesmo mês[165]. No mesmo dia, Christie ordenou que Warren soltasse os navios aprisionados[166].

161. JOÃO MANUEL PEREIRA DA SILVA, *Memórias do meu Tempo*, 2 vols. (Rio de Janeiro, 1895?), I, 311, daqui por diante referido como PEREIRA DA SILVA, *Memórias*; Consanção de Sinimbu a D. Pedro II, Rio de Janeiro, 4 de janeiro de 1863, ("o espírito público acha-se muito excitado"), Arquivo MIP, Maço CXXXIII, Doc. 6546; No dia 5 de janeiro foi escrito o opúsculo *Questão Anglo-brasileira. Panfleto. A Pirataria Inglesa e o Brasil. Por um Brasileiro* (Rio de Janeiro, 1863) no qual é perguntado se Christie "autor de toda nossa vergonha e humilhação, não se acha no interior desta mesma cidade e não passeia sobranceiro e tranqüilo por onde quer?" (p. 22). "Livre-me Deus, porém, de que alguém queira enxergar em minhas palavras a menor concitação a qualquer movimento ou plano tumultuário" (pp. 30-31). Sobre a data do escrito, vide p. 29.

162. Christie a Russell, Rio de Janeiro, 8 de janeiro de 1863, extrato. No 72, "Correspondence", *Sessional Papers*, p. 240; Christie a Thomas Hollocombe, Rio de Janeiro, 8 de janeiro de 1863, incluído em Christie a Russell, Rio de Janeiro, 8 de janeiro de 1863. No 72, *ibid.*, p. 270.

163. Vianna a Wanderley, 8 de janeiro de 1863. Encontrado em Wanderley Pinho, *Cotegipe e seu Tempo; Primeira Fase, 1815-1867*, Biblioteca Pedagógica Brasileira, Brasiliana, série 5, vol. LXXXV (São Paulo, 1937), p. 679.

164. Memorandum of basis of arrangement, 3 de janeiro de 1863, incluído em Christie a Russell, Rio de Janeiro, 8 de janeiro de 1863. No 72, "Correspondence", *Sessional Papers*, 1863, LXXIII, 265-266.

165. Christie a Russell, Rio de Janeiro, 8 de janeiro de 1863, extrato. No 72, *ibid.*, p. 241; Abrantes a Christie, Rio de Janeiro, 5 de janeiro de 1863. *Relatório*, 1863, Anexo I, pp. 148-149.

166. Christie a Warren, Rio de Janeiro, 6 de janeiro de 1863,

Pode surpreender-nos que o Brasil não tenha também submetido o caso do *Prince of Wales* ao arbitramento internacional como Christie queria[167]. Vimos que após o começo das represálias, Christie expressara o desejo de ver as questões arbitradas[168] e, quando Abrantes solicitou informações sobre se isso incluía mesmo o caso do *Prince of Wales* que o Brasil admitira previamente pagar as indenizações se forçado a fazê-lo, Christie respondeu que sim[169]. Entretanto, o Brasil concordou em pagar o que lhe era exigido sem apelar para qualquer arbitragem. Tem-se dito que o Brasil não considerava próprio aborrecer qualquer árbitro com questões de dinheiro — em contraste com questões de honra — mas pode-se perguntar se não estaria o Brasil preparando base legal para suas ações futuras[170].

Em todo caso, nem todas as fontes de conflito haviam sido eliminadas. Christie encontrou oportunidade para outro protesto surdo ao ler a carta de Abrantes para o ministro brasileiro em Londres, Francisco Ignácio de Carvalho Moreira (1815-1906), o último Barão de Penedo. A carta informava ao ministro das ocorrências do Rio e o mandava agir segundo o acordo de 5 de janeiro; não era a respeito disto que Christie se queixava mas, Abrantes foi mais longe ao dizer que uma vez que as interceptações e buscas eram feitas em águas brasileiras, o governo brasileiro tinha direito a exigir da Inglaterra

uma satisfação condigna por essa violação da nossa soberania territorial, [e também]... o direito de reclamar indenização pelos prejuízos que resultaram das presas feitas pelos navios de guerra ingleses[171].

incluído em Christie a Russell, Rio de Janeiro, 8 de janeiro de 1863. No 72, "Correspondence", *Sessional Papers*, 1863, LXXIII, 267.

167. Christie a Russell, Rio de Janeiro, 8 de janeiro de 1863, extrato. No 72, *ibid.*, p. 261.

168. Christie a Abrantes, Rio de Janeiro, 1 de janeiro de 1863, incluído em Christie a Russell, Rio de Janeiro, 8 de janeiro de 1863. No 72, *ibid.*, p. 261.

169. Abrantes a Christie, Rio de Janeiro, 2 de janeiro de 1863. *Relatório*, 1863, Anexo I, p. 143; Christie a Abrantes, Rio de Janeiro, 2 de janeiro de 1863, incluído em Christie a Russell, Rio de Janeiro, 8 de janeiro de 1863. No 72, "Correspondence", *Sessional Papers*, LXXIII, 264.

170. PEREIRA DA SILVA, *Memórias*, I, 313; OLIVEIRA LIMA, *O Império*, p. 215.

171. Abrantes a Moreira, Rio de Janeiro, 8 de janeiro de

Christie explodiu. Protestou que não se tinha feito menção nas notas datadas de 5 de janeiro a favor de nenhum direito do Brasil de exigir satisfações, e salientou que estas notas eram a única base para acordo[172]. Abrantes concordou que de fato não havia outro registro de acordo e acrescentou que, por causa disso mesmo, o pedido de satisfações não poderia ser excluído. Declarou, também, que o governo brasileiro não tinha aquiescido voluntariamente às exigências britânicas e assim não concordara com os termos do *ultimatum*. Agira forçado pelas represálias, tendo agora o direito de pedir satisfações[173]. Em outras palavras, era agora a vez do Brasil passar à ofensiva.

Transferiu-se, portanto, o campo de batalha para a Inglaterra, onde as novas relações entre os dois antagonistas encontravam terreno apropriado. O Ministério das Relações Exteriores britânico aprovara inteiramente as medidas tomadas por Christie e aceitara o acordo estabelecido em 5 de janeiro. Na questão do *Forte*, o governo britânico aceitou como árbitro o rei dos Belgas, como o Brasil sugerira[174]. A decisão do árbitro foi a de que as ações das autoridades brasileiras não podiam ser consideradas como ofensivas à Marinha britânica[175].

Começou, então, uma correspondência importante entre Carvalho Moreira e Russell. O ministro brasileiro

1863. *Relatório*, 1863, Anexo I, pp. 155-156.

172. Christie a Abrantes, Rio de Janeiro, 9 de janeiro de 1863, incluído em Christie a Russell, Rio de Janeiro, 9 de janeiro de 1863. Nº 74, "Correspondence", *Sessional Papers*, 1863, LXXIII, 273; Christie a Abrantes, Rio de Janeiro, 8 de janeiro de 1863, incluído em Christie a Russell, Rio de Janeiro, 8 de janeiro de 1863, extrato. Nº 72, *ibid.*, p. 270; Abrantes a Christie, Rio de Janeiro, 11 de janeiro de 1863. *Relatório*, 1863, Anexo, p. 158; Christie a Abrantes, Petrópolis, 18 de janeiro de 1863. *Ibid.*, p. 161 (não na "Correspondence").

173. Abrantes a Christie, Rio de Janeiro, 30 de janeiro de 1863. *Relatório*, 1863, Anexo I, pp. 169-170.

174. Abrantes a Christie, Rio de Janeiro, 7 de janeiro de 1863. *Ibid.*, p. 154; Russell a Moreira, Foreign Office, 12 de fevereiro de 1863. Nº 79, "Correspondence", *Sessional Papers*, LXXIII, 277.

175. Decision of His Majesty the King of the Belgians. "Despatch from Lord Howard de Walden, transmitting the Decision... (Brussells, June 22, 1863)", *Readex Microprint*, ed. Edgard L. Erickson, *British Sessional Papers*, L-C 26 de junho de 1863 (3187) LXXIII, 361-362; Laudo de S. M. o Rei dos Belgas. *Aditamento ao Relatório da Repartição dos Negócios Estrangeiros... 1863* (Rio de Janeiro, 1864) Anexo I, pp. 18-19.

informou a Russell que tinha sido autorizado a pagar sob protesto qualquer soma que o governo inglês exigisse no caso do *Prince of Wales*[176]. Russell replicou que o governo britânico informaria a Carvalho Moreira a soma quando fosse determinada e que seu governo considerava a questão resolvida e que "não estava disposto a discutir os termos do protesto"[177].

Na sua nota de 26 de fevereiro, Carvalho Moreira incluiu um cheque para o pagamento da soma estipulada e novamente voltou ao assunto do protesto. Repetiu que o governo brasileiro recusava-se a admitir qualquer direito por parte do governo inglês e que incluíra o cheque exclusivamente como conseqüência dos

procedimentos ilegais e violências cometidas

pelos ingleses em águas brasileiras. Entretanto, reservava-se o direito de exigir satisfações pela violação de águas brasileiras pelos navios de guerra britânicos[178].

Russell ainda parece ter ignorado, mesmo nesta ocasião, a direção para a qual o ministro brasileiro conduzia o assunto. Respondeu à nota de Carvalho Moreira, discutindo as bases das exigências britânicas e ignorando o protesto brasileiro[179]. Carvalho Moreira, então, salientou que, de acordo com o uso comum, quando um governo protesta contra as ações de outro, este último deve reconhecer formalmente o recebimento de tal protesto[180]. Russell então, em uma nota de apenas quatro linhas, acusou o recebimento do protesto[181].

176. Carvalho Moreira a Russell, Londres, 9 de fevereiro de 1863. *Relatório*, Anexo I, pp. 172-173.

177. Russell a Carvalho Moreira, Foreign Office, 12 de fevereiro de 1863. Nº 79, "Correspondence", *Sessional Papers*, 1863, LXXIII, 277.

178. Carvalho Moreira a Russell, Londres, 26 de fevereiro de 1863, *Relatório*, 1863, Anexo I, pp. 174-175.

179. Russell a Carvalho Moreira, Foreign Office, 28 de fevereiro de 1863. Nº 2, "Further Correspondence Respecting the Plunder of the Wreck of the British Barque 'Prince of Wales' (in continuation of correspondence presented to Parliament February 26, 1863)", *Readex Microprint*, ed. Edgar L. Erickson, *British Sessional Papers*, L-C 2 de março de 1863 (3096), LXXIII, 294.

180. Carvalho Moreira a Russell, Londres, 2 de março de 1863. *Relatório*, 1863, Anexo I, p. 177.

181. Russell a Carvalho Moreira, Foreign Office, 4 de março de 1863. Nº 4, "Further Correspondence Respecting the Plunder of

Dois meses mais tarde[181a], depois de consultar o governo brasileiro, Carvalho Moreira submeteu a Russell uma nova nota. Tratava, em primeiro lugar, da maneira com que as represálias tinham sido conduzidas. De 31 de dezembro a 6 de janeiro o porto do Rio fora virtualmente bloqueado. Enquanto o navio almirante permanecia no porto e os britânicos consideravam o desembarque de fuzileiros no solo brasileiro, vasos ingleses caçavam navios mercantes brasileiros em águas brasileiras; tendo cinco destes navios sido aprisionados e retidos numa baía brasileira. Estes atos, disse Carvalho Moreira, só podiam ser considerados como atos de guerra, sendo contrários às represálias usadas em tempo de paz. Sugeriu que estas represálias deviam ter sido levadas a efeito fora dos limites da soberania brasileira. Carvalho Moreira sugeriu, então, as bases para que fossem mantidas relações amigáveis entre os dois países. O governo britânico deveria exprimir

"o seu pesar pelas faltas que acompanharam as represálias", declarar "que não tivera a intenção de ofender a dignidade e de violar a soberania territorial do Império"; e concordar em pagar pelos prejuízos causados com a interceptação dos navios, soma que fosse decidida por arbitragem[182].

the Wreck of the British Barque 'Prince of Wales'; and the Ill-treatment of the Officers of Her Majesty's Ship 'Forte', (in continuation of correspondence presented to Parliament on the 19th and 26th of February and the 2nd of March, 1863)", *Readex Microprint*, ed. Edgar L. Erickson, *British Sessional Papers*. L-C 5 de março de 1863 (3103) LXXIII, 301.

181a. Carvalho Moreira hesitou em fazer o que fora ordenado sem verificar o sentido da ordem. Ele alegava que talvez devesse esperar que a questão do *Forte* fosse arbitrada antes de prosseguir com os pedidos brasileiros; Abrantes a Carvalho Moreira, Reservado, Rio de Janeiro, 24 de março de 1863. Arquivo Itamarati, 410-5-93e; D. Pedro II a Abrantes, 21 de março de 1863. Arquivo MIP, Maço CXXXIII, Doc. 6545, Nº 42. D. Pedro dizia que "Carvalho Moreira mostra-se assustado com o resultado da negociação". Vide também *ibid*. Nº 30. O interesse do imperador na questão, até o ponto de alterar as notas de Abrantes tanto na forma como substantivamente, é revelado no mesmo documento, Nºs 9, 21, 23 e 49. No Nº 16 (sem data) ele escreveu a Abrantes: "mande para eu ver qualquer resposta sua que ponha termo com palavras curtas e enérgicas à chicana do Christie". Vide também o *Diário de D. Pedro II*, Maço XXXV, Doc. 1055, mês de dezembro de 1862, *passim*.

182. Carvalho Moreira a Russell, Londres, 5 de maio de 1863. *Aditamento ao Relatório da Repartição dos Negócios Estrangeiros*. . . 1863 (Rio de Janeiro, 1864), Anexo I, pp. 7-8.

O governo brasileiro não deixou alternativa aceitável a Russell. Desculpar-se pela maneira das represálias, para as quais ele mesmo tinha dado instruções, ou pagar pelos prejuízos, admitindo assim que a Inglaterra agira mal, era impossível para ele. Respondeu que, em primeiro lugar, a questão estava encerrada, não tendo o Brasil direito de reabri-la. Entretanto, acrescentou que o governo britânico não tinha

agido por sentimento inamistoso para com o imperador, nem por desejo de agressão ao território de sua Majestade Imperial.

Acreditava ser esta uma resposta suficiente e satisfatória às reclamações de Carvalho Moreira[183].

A nota de Carvalho Moreira, datada de 25 de maio, foi a final. Chamava a atenção de Russell para a sua (de Moreira) nota de 26 de fevereiro, na qual se reservava o direito de exigir satisfações. Expressava a sua surpresa pelo fato de Russell declarar a questão encerrada e negar esse direito ao governo brasileiro. Os pedidos do governo brasileiro baseavam-se, disse, na série de atos de guerra cometidos quando as duas nações estavam em estado de paz. O Ministro do Exterior inglês, de fato, dizia agora não ter tido a Inglaterra a intenção de ofender ao imperador e perpetrar ações de agressão. Mas, não era contra as intenções do governo inglês, e sim pelos atos praticados por seus agentes, que o governo brasileiro protestava. Além do mais, não tinha Russell expressado arrependimento pela natureza das represálias; nem mencionara satisfações adequadas. O governo brasileiro não podia imaginar que a Inglaterra recuasse reparar os atos de violência gratuita praticados contra uma nação amiga, violência que a Inglaterra não toleraria de nenhum poder no mundo. Mas, uma vez que era este o caso, declarava Carvalho Moreira, não ter o Brasil outra alternativa senão declarar a ruptura de relações[184]. De acordo com seu pedido Carvalho Moreira

183. Russell a Carvalho Moreira, Foreign Office, 19 de maio de 1863. Nº 2, "Correspondence with the Minister of Brazil Regarding the Satisfaction Demanded by the Brazilian Government for the Late Reprisals", *Readex Microprint*, ed. Edgar L. Erickson, *British Sessional Papers*, L-C 1 de junho de 1863 (3166), LXXIII, 308.

184. Carvalho Moreira a Russell, Londres, 25 de maio de 1863. *Aditamento ao Relatório da Repartição dos Negócios Estrangeiros...* 1863 (Rio de Janeiro, 1864), Anexo I, pp. 9-12.

123

estava de posse do seu passaporte a 28 de maio[185]. A 5 de julho o *chargé d'affaires* da Inglaterra no Rio pediu o seu[186], sendo que Christie já tinha embarcado em março[187].

O encarregado de negócios juntou a seu pedido de passaporte uma longa nota datada de 6 de julho de 1863, que recebera de Russell. Nela encontramos expressa de modo claro a inter-relação das queixas britânicas. Em primeiro lugar, Russell, sintetiza qual o objeto tido em mente pelo governo britânico ao executar as represálias e declara que apenas sua necessidade — e nunca motivo ulterior — levou a Inglaterra a executá-las. Estende-se, então, sobre o hábito que tinha o Brasil de ignorar representações do ministro britânico, e entre estas, principalmente, o pedido inglês de informações a respeito dos "emancipados". Discutiu, também, as queixas mútuas nas comissões mistas, que haviam sido extintas por causa das descabidas exigências brasileiras para que a Inglaterra anulasse decisões antigas e bem conhecidas. Esperava que no futuro, quando as relações fossem restauradas, o governo brasileiro se conduzisse com mais cortesia[188]. Assim, quase dois anos depois do dia em que naufragara o navio *Prince of Wales* nas costas solitárias de Albardão, aquele naufrágio foi pela primeira vez ligado oficialmente às outras ofensas sentidas pela Inglaterra.

Não é nossa intenção determinar se, nestas queixas, encontra-se a causa das ações da Inglaterra. Entretanto, um exame da natureza dos incidentes que tiveram lugar durante 1861 e 1862, combinado com um estudo da

185. Russell a Carvalho Moreira, Foreign Office, 28 de maio de 1863. Nº 2, "Correspondence with the Minister of Brazil Regarding the Satisfaction Demanded by the Brazilian Government for the Late Reprisals", *Readex Microprint*, ed. Edgar L. Erickson, *British Sessional Papers*, L-C 1 de junho de 1863 (3166), LXXIII, 311.

186. W. Cornwallis Eliot a Abrantes, Rio de Janeiro, 5 de julho de 1863. *Aditamento ao Relatório da Repartição dos Negócios Estrangeiros*. . . 1863 (Rio de Janeiro, 1864), Anexo I, pp. 13-14.

187. WANDERLEY PINHO, *Cotegipe e seu Tempo; Primeira Fase 1815-1867*, Biblioteca Pedagógica Brasileira, Brasiliana, série 5, vol. LXXXV (São Paulo, 1937), 682.

188. Russell a Eliot, Foreign Office, 6 de junho de 1863. "Instructions Addressed to Her Majesty's Chargé d'Affaire in Brazil, Respecting the Suspension of Diplomatic Relations with Great Britain, *Readex Microprint*, ed. Edgar L. Erickson, *British Sessional Papers*, L-C 15 de junho de 1863 (3175), LXXIII, 315-316.

diplomacia que se baseou neles, parece demonstrar claramente que não foram estes incidentes que moveram a Inglaterra.

Robert Cecil criticou as represálias como dependendo de

acusações baseadas em bagatelas testemunhadas por um cônsul louco e três marinheiros bêbedos[189].

Mas, mesmo que aceitemos o testemunho de Vereker e dos oficiais do *Forte*, ainda parece duvidoso que as represálias fossem um resultado inevitável. Os britânicos acusaram as autoridades brasileiras de negligência para punir os responsáveis pelo saque dos restos do naufrágio, ainda que essa negligência limite-se à libertação dos dois prisioneiros suspeitos pelo inspetor do distrito. Pode-se sustentar que as ações do inspetor tornassem seu país sujeito a represálias? Acusaram os britânicos terem as autoridades brasileiras insultado a Marinha de Sua Majestade com o tratamento ministrado aos oficiais do *Forte*. Pode-se, também, garantir ser insulto, tratamento ainda que rude, dado a estrangeiros vestidos de roupas comuns e incapazes de falar a língua do país onde se encontram? E, mesmo que os oficiais tivessem podido revelar sua identidade aos soldados brasileiros por algum modo incerto, não seria possível terem estes considerado isso como uma burla para escapar às conseqüências do seu procedimento? Certamente, há muita consistência no argumento de que ambos incidentes eram mero pretexto para o prosseguimento da luta que há muito se travava entre os dois antagonistas.

Este argumento é reforçado pelo caso Saumarez. Não só tinha o ministro britânico seriamente considerado o seu uso como base para reclamações ao governo brasileiro, revelando busca de incidentes pelos britânicos, como expressa claramente a atitude britânica naquele tempo. Nele está implícito o conceito de que o sistema judicial brasileiro era inferior ao inglês e inadequado para zelar pelos direitos dos súditos do governo inglês. Não é isto base para extraterritorialidade? Seria coincidência que o Tratado de Tientsin com a China, que estabelecera fir-

189. Discurso de Robert Cecil, Câmara dos Comuns, 6 de março de 1863. *Hansard*, CLXIX (1863), 1158.

memente a extraterritorialidade lá, tivesse precedido o naufrágio do *Prince of Wales* de apenas três anos[190]? Christie mostrava seu desprezo pela justiça brasileira ao dizer

> não pode-se esperar que o governo de Sua Majestade dê grande valor a qualquer medida judicial do Brasil[191].

Certamente a crença de Christie nos direitos ingleses de domínio sobre o Brasil aparece quando revela que as represálias nunca teriam tido lugar se o Brasil fosse "mais modesto e respeitoso"[192]. O caso Saumarez, então, é ao mesmo tempo uma amostra clara da convicção inglesa de superioridade e, também, evidência do desejo britânico de afirmar preeminência.

Por outro lado, a exigência brasileira de satisfações por parte do governo inglês não era necessária em face do acontecido. Não sendo as represálias prática comum, sua vítima está sempre livre de fazer contra elas o que bem entender[193]. O Brasil, numa era de convenções diplomáticas, arriscou uma guerra. Suas ações foram, provavelmente, determinadas pela pressão do orgulho nacional ferido, pois o nacionalismo que varreu a civilização ocidental no século XIX não deixou o Brasil imune[193a]. Mas a fanfarronada brasileira não precisou ser provada, e a

---

190. GEORGE WILLIAMS KEETON, *The Development of Extraterritoriality in China*, 2 vols. (Londres, 1928), apêndice 30, I, 312-314.

191. Christie a Russell, Rio de Janeiro, 6 de novembro de 1862. Nº 64, "Correspondence", *Sessional Papers*, 1863, LXXIII, 226.

192. Christie, "Introduction", p. xxx.

193. EVELYN SPEYER COLBERT, *Retaliation in International Law* (Nova York, 1948), pp. 76 e 94.

193a. Vide publicações como *O Governo Inglês ou a Lógica do Canhão. Hontem* [Isto é, Antecedentes] (Rio de Janeiro, 1863); *Opúsculo sobre a Questão Anglo-brasileira* (Rio de Janeiro, 1863); *Questão Anglo-brasileira. Panfleto. A Pirataria Inglesa e o Brasil. Por um Brasileiro* (Rio de Janeiro, 1863); MIGUEL VIEIRA FERREIRA, *A Questão Anglo-brasileira. Opúsculo* (Rio de Janeiro, 1863); *Bosquejo Analítico Acerca da Questão Anglo-brasileira* (Rio de Janeiro, 1863); *Brasil e Inglaterra: Breve Comparação entre as Duas Nações. A Propósito da Questão Anglo-brasileira. Folheto Dedicado aos Brasileiros* (Rio de Janeiro, 1863). O terceiro destes dizia que "O nosso pavilhão está roto, despedaçado e mergulhado na lama do opróbrio... E vós, governantes brasileiros, cruzais os braços...? Dizei francamente, e que todos ouçam: 'O Brasil é uma colônia da Inglaterra'" (p. 10).

decisão do rei dos Belgas em favor do Brasil deu à Inglaterra a oportunidade de honrosamente restaurar as relações diplomáticas com o Brasil em 1865, mais ou menos de acordo com as exigências brasileiras[194].

O naufrágio do *Prince of Wales*, o tratamento dado aos oficiais do *Forte*, e a exigência de reconhecimento oficial de Saumarez, tudo indica e leva à conclusão de ter sido a Inglaterra levada às represálias por algum motivo menos aparente. Que não pôde intimidar o Brasil com as suas ações ficou bem claro com a final ruptura de relações diplomáticas. Os laços políticos que outrora ligavam o Brasil à Inglaterra, finalmente, foram quebrados[195].

194. RAUL ADALBERTO DE CAMPOS, org. *Relações Diplomáticas do Brasil Contendo os Nomes dos Representantes Diplomáticos do Brasil no Estrangeiro e os dos Representantes Diplomáticos dos Diversos Países no Rio de Janeiro de 1808 a 1912* (Rio de Janeiro, 1913), p. 177.

195. Depois de ter escrito este artigo o autor fez pesquisas em arquivos brasileiros com a ajuda de uma bolsa de estudos da Social Science Research Council. Nenhum fato foi descoberto, todavia, que alterasse as conclusões deste artigo. No *Arquivo do Itamarati*, CF 410-5-93, se acha parte da correspondência citada. Informações de algum interesse descobertas durante este período de pesquisa se acham nas notas 13, 24, 25, 27, 146a, 159a, 161, 181a e 193a.

5. MAUÁ E A DIPLOMACIA ANGLO-BRASILEIRA*

A questão Christie estava fundamentalmente ligada ao problema da escravidão; mas, como em todas as relações entre a Grã-Bretanha e o Brasil a esta altura, também o comércio e o investimento estavam em perigo. Futuramente talvez alguém venha a examinar as atitudes ambíguas dos industriais e negociantes britânicos, que desejavam um tratado comercial mas que estavam ansiosos com relação aos efeitos adversos do perigo de guerra. Neste

* Anteriormente publicado sob o título Mauá and Anglo-Brazilian Diplomacy, 1862-1863, *Hispanic American Historical Review*, vol. XLII, nº 2 (maio, 1962), pp. 199-221.

artigo focalizo a questão Christie do ponto de vista de um negociante brasileiro anglófilo. Embora parte do que vou dizer aqui repita matéria já tratada no capítulo precedente, é importante para que se coloque a ação de Mauá claramente no contexto cronológico próprio. Tendo em vista as afirmações freqüentemente feitas de que Mauá foi o primeiro nacionalista econômico do Brasil, é também importante vê-lo aqui mais interessado nas boas relações no campo dos negócios do que com o poder nacional.

O curso das relações diplomáticas do século XIX entre a Grã-Bretanha e o Brasil foi marcado por um aumento gradual de independência brasileira[1]. Enquanto a Grã-Bretanha podia permitir-se agir quase com plena liberdade nos negócios brasileiros em 1808, quando a corte portuguesa se transferiu para o Brasil, ou em 1825-1826, quando a independência do Brasil foi reconhecida pelas potências européias, esta situação foi mudando de aspecto com o correr dos anos. Um marco neste desenvolvimento foi a recusa do Brasil, em 1862, em ceder às exigências inglesas consideradas injustas, indo tão longe no ano seguinte a ponto de correr o risco de uma guerra em defesa de sua política[2]. Ireneu Evangelista de Souza, Barão e depois Visconde de Mauá (1813-1889), desempenhou importante papel nestes incidentes durante um breve período de quarenta e oito horas, de 31 de dezembro de 1862 a 1 de janeiro de 1863. É sua ação nesse tempo e seu efeito nas relações diplomáticas das duas nações que nos interessa aqui.

Pouco foi escrito até agora sobre as ligações de Mauá com a diplomacia anglo-brasileira. Suas atividades empresariais mereceram considerável atenção, como também seus esforços em favor da diplomacia brasileira na região do Rio da Prata; mas não se tomou conhecimento de seu interesse pela política diplomática brasileira com relação a Inglaterra. Isso é especialmente surpreendente se considerarmos seus muitos e bem conhecidos contatos com

1. Research Training Fellowships do Social Science Research Council, 1959-1961, possibilitou-me a realização de pesquisa no Brasil e nos Estados Unidos com relação a este artigo.

2. A colocação geral para estes acontecimentos pode ser encontrada em ALAN K. MANCHESTER, *British Preëminence in Brazil: Its Rise and Decline. A Study in European Expansion* (Chapel Hill, N. C., 1933), pp. 54-108, 159-284.

ingleses e até que ponto sua vida de negócios estava relacionada com o mundo financeiro britânico, fatores que naturalmente impeliam Mauá a interessar-se pelas relações entre os dois países[3].

A Inglaterra desempenhou um papel dominante na vida comercial do Brasil no tempo de Mauá, e era natural que o homem de negócios brasileiro tivesse caído sob sua influência. Em 1851 foi estabelecido um serviço regular de navios a vapor entre o Brasil e a Inglaterra, e dentro de um ano havia duas companhias inglesas operando nessa rota. Ao mesmo tempo, as mercadorias inglesas inundaram o mercado brasileiro, e a importação tornou-se a maior preocupação dos ingleses no Brasil. Embora as estatísticas sejam escassas, dados disponíveis mostram claramente que nenhuma outra nação podia competir de perto no mercado brasileiro. As principais mercadorias deste comércio eram têxteis, especialmente artigos de algodão, que, durante o período em tela, representou estavelmente mais da metade do valor das exportações britânicas para o Brasil. As casas de comércio inglesas eram organizadas de modo a operar por atacado e a varejo neste impor-

---

3. O fundo de qualquer estudo sobre Mauá deve ser encontrado em sua *Autobiografia ("Exposição aos Credores e ao Público") seguida de "O meio Circulante no Brasil"*, editado por Cláudio Ganns, 2. ed., Depoimentos Históricos (Rio, 1942). O principal biógrafo de Mauá é ALBERTO DE FARIA, *Mauá: Irenêo Evangelista de Souza, Barão e Visconde de Mauá, 1813-1889*, 2. ed., Biblioteca Pedagógica Brasileira, série 5: Brasiliana, 20 (São Paulo, 1933); suas tendências panegiristas são corrigidas de maneira penetrante por E. de Castro Rabello, *Mauá, Restaurando a Verdade* (Rio, 1932); Cláudio Ganns apresenta uma visão equilibrada na "Introdução" à *Autobiografia* de Mauá. Outros estudos incluem LÍDIA BESOUCHET, *Mauá e seu Tempo* (São Paulo, 1942) e o breve resumo feito por ENNOR DE ALMEIDA CARNEIRO, *Mauá (Ireneo Evangelista de Souza)*, Serviço de Documentação do DASP, Publicação Avulsa, 545, Pequenos Estudos Sobre Grandes Administradores do Brasil, 8 (Rio, 1956). Ver também os artigos do Instituto Histórico e Geográfico Brasileiro, *O Visconde de Mauá (no Cincoentenário de seu Falecimento)* (Rio, 1940), e ANYDA MARCHANT, A New Portrait of Mauá the Banker: a Man of Business in Nineteenth-Century Brazil, *HAHR*, XXX (novembro, 1950), 418. Uma das raras referências da ligação de Mauá com a diplomacia anglo-brasileira é feita por HEITOR LYRA, *História de D. Pedro II, 1825-1891, Vol. I: Ascensão, 1825-1870*, Biblioteca Pedagógica Brasileira, série 5: Brasiliana, 133 (São Paulo, 1938), pp. 383-386.

tante negócio e estavam em condições de empenhar-se na exportação. Estes negociantes prosperavam por causa de seu arrojo, da superioridade industrial de seu país natal, de seu controle sobre a navegação brasileira, de sua posição de força, que de certa forma datava do tratado de Methuen, de 1702. Dominavam de tal forma o comércio brasileiro desse tempo que até as cotações do mercado no *Jornal do Comércio* do Rio eram dadas em português e em inglês. Além disso, a maior parte do crédito para as exportações brasileiras era fornecida pelos bancos ingleses que operavam no Brasil. O London and Brazilian Bank era um dos mais importantes, e, depois de sua criação em 1862, foi absorvendo rapidamente outros bancos ingleses que aqui operavam[4]. O controle inglês sobre o comércio brasileiro foi resumido pelo ministro brasileiro em Londres que escreveu em 1854:

> O comércio entre os dois países é feito com capitais ingleses, em navios ingleses, por companhias inglesas. Os lucros... os juros sobre o capital... os pagamentos de seguros, as comissões, e os dividendos dos negócios, todo vai para os bolsos de ingleses[5].

A riqueza de Mauá indica que nem "tudo" tinha este destino. É verdade, contudo, que grande parte do sucesso de Mauá resultou de seus contatos com ingleses. Quando moço, trabalhou como empregado de um impor-

4. Sobre navegação, ver THOMAS A. BUSHELL, *"Royal Mail", a Centenary History of the Royal Mail Line, 1839-1939* (Londres, 1939), pp. 59, 62; e MANCHESTER, *British Preëminence*, p. 320. Sobre a supremacia das importações britânicas, ver AGOSTINHO VICTOR DE BORJA CASTRO, *Descripção do Porto do Rio de Janeiro e das Obras da Doca d'Alfandega* (Rio, 1877), p. 49. Sobre a importância dos artigos de algodão, consultar Great Britain, Board of Trade, Customs and Excise Department, Statistical Office, *Annual Statement of the Trade of the United Kingdom with Foreign Countries and British Possessions* (Londres, 1853-). A posição das casas importadoras inglesas é especialmente evidente nos *manifestos* publicados no *Jornal do Comércio* do tempo, dando o montante das mercadorias entregues a cada negociante. Sobre bancos, ver Bank of London and South America, Limited, *A Short Account of the Bank's Growth and Formation* (Londres, 1954), pp. 10-11.

5. Sérgio Teixeira de Macedo a Clarendon, 16 de maio de 1854, cópia incluída in Teixeira de Macedo a Antonio Paulino Limpo de Abreu (Ministro brasileiro das Relações Exteriores), Londres, 30 de maio de 1854. Arquivo Histórico do Itamarati (doravante AHI), 217/3/8, nº 21.

tador inglês no Rio e, chegando rapidamente à posição de sócio na firma, aprendeu os métodos da prática de negócios, a importância do empresário, e a confiança no negociante inglês. Por fim, Mauá tornou-se anglicizado a ponto de praguejar em inglês. Fez várias viagens a Inglaterra, e foi aí que tomou a decisão de trabalhar em prol de um Brasil moderno e industrializado.

O primeiro empreendimento foi uma fundição de ferro e um estaleiro. Em breve seguiram-se serviços urbanos, estradas de ferro, companhias de navegação e estabelecimentos bancários. A maior parte destes empreendimentos estava intimamente vinculada ao complexo comercial e financeiro inglês. O representante inglês no Brasil referia-se a Mauá em 1863 como a

um dos maiores capitalistas e dos 'mais ardentes e patrióticos cidadãos no Brasil, que ao mesmo tempo está intimamente ligado ao comércio inglês e é amigo da Inglaterra[6].

Seu interesse pelas atividades diplomáticas começou em 1850 e foi uma conseqüência direta de sua posição de financista. Naquele tempo o Brasil, como parte de seu esforço para derrotar Juan Manuel de Rosas, o ditador Argentino, e ao mesmo tempo assegurar sua preponderância sobre os negócios uruguaios, decidiu opor-se a Manuel Oribe, o caudilho que se havia apoderado de Montevidéu com o auxílio de Rosas. Mauá foi enviado a Montevidéu como representante diplomático do Brasil e recebeu a especial incumbência de dar suporte financeiro ao governo sitiado. Emprestou-lhe grandes somas tanto através do Banco Mauá como de sua própria fortuna, e Oribe foi derrotado. Mauá então fez um esforço para assegurar a capacidade do governo de reembolsar estes empréstimos investindo amplamente na economia uruguaia, procurando assim estabilizar sua sociedade. Finalmente, para encurtar nossa história, perdeu tudo isso quando o Brasil decidiu que era do interesse brasileiro apoiar o revolucionário Venâncio Flores. No fim de 1862, contudo, Mauá

6. William D. Christie a Lord John Russell, Rio, 8 de janeiro de 1863. Nº 72, "Correspondência Referente ao Saque dos Destroços do Navio Britânico 'Prince of Wales'; e os Maus Tratos de Oficiais do Navio de Sua Majestade 'Forte' ", in Great Britain, House of Commons, *British Sessional Papers* (Readex Microprint Edition, ed. Edgar L. Erickson), 1863, LXXIII, 239.

ainda se sentia seguro em sua posição uruguaia e certo da boa vontade do governo brasileiro em ouvir seu conselho em assuntos diplomáticos[7].

Foi também em 1850 que Mauá teve sua primeira experiência referente às relações diplomáticas anglo-brasileiras. Naquela ocasião, como parte do esforço inglês para pôr fim ao tráfico de escravos, cruzadores da marinha receberam ordens de perseguir os navios negreiros dentro dos portos brasileiros. Quando, em setembro daquele ano, o Brasil sancionou uma lei severa contra o tráfico de escravos, estas ordens foram temporariamente suspensas. Foram novamente postas em vigor em janeiro de 1851 e assim permaneceram até junho de 1852[8]. Subseqüentemente, Mauá reivindicou parte do crédito suspenso temporariamente em 1850, e isso lhe propiciou um encontro com o ministro inglês de maneira direta e no estilo de homem de negócios; tão bem soube conduzir a conversa que o ministro britânico disse a Mauá que meia hora de conversa

> entre dois homens honestos, em tom cordial, é mais útil para a solução de um problema do que um ano de correspondência entre ministros que desconfiam um do outro.

Além disso, Mauá mais tarde distribuiu, entre homens de negócio em Londres, 10 000 cópias de um folheto que explicava a demora brasileira em acabar com a escravatura; e assegurou que, como resultado disso, a opinião pública

---

7. A posição de Mauá como agente do imperialismo econômico brasileiro no Uruguai é evidente na *Autobiografia*, pp. 247-262, e em sua carta ao *Jornal do Comércio*, de 22 de abril de 1864, publicada na íntegra por Cláudio Ganns numa nota sobre Mauá, *Autobiografia*, pp. 252n-257n. Ver também *Correspondência política de Mauá no Rio da Prata (1850-1885)*, org. LÍDIA BESOUCHET, Biblioteca Pedagógica Brasileira, série 3 [i.é., 5]: Brasiliana, 227 (São Paulo, 1943). Seu papel na região do Rio da Prata foi estudado por BESOUCHET, *Mauá e seu Tempo*, e TEIXEIRA SOARES, Mauá, o Uruguai e o Brasil (1851-1875), *Revista do Instituto Histórico e Geográfico Brasileiro*, CXXIX (out.-dez., 1950), 2-213.

8. James Hudson a Paulino José Soares de Souza (Ministro brasileiro das relações exteriores), Rio, 11 de janeiro de 1851, e Soares de Souza a Hudson, Rio, 28 de janeiro de 1851. *Relatório da Repartição dos Negócios Estrangeiros, [1851]* (Rio, 1851), Anexo B, pp. 23-36. Ver também MANCHESTER, *British Preëminence*, pp. 254-256.

134

inglesa passou a olhar o caso brasileiro de maneira mais favorável[9].

Contudo, as relações entre os dois países permaneceram frias e pode-se duvidar de que tenha havido tal mudança na opinião pública inglesa. O Ministério das Relações Exteriores inglês indicava incidentes isolados de tráfico de escravos para mostrar a contínua má fé por parte dos brasileiros. A Inglaterra estava também interessada em favorecer a liberdade de todos os escravos importados desde que o Brasil consentisse primeiro em pôr fim ao tráfico de escravos em 1831. Este ato ameaçava a própria instituição da escravatura, porque esses africanos representavam grande parte da população escrava, e era obviamente impossível saber quais tinham sido introduzidos depois desta data. A reação brasileira a esta política está refletida nas palavras do embaixador brasileiro em Londres em 1852; segundo ele, este ato

produziria uma revolução geral. . . e aniquilaria o império brasileiro[10].

Havia também outras fontes de fricção. Os esforços para satisfazer as reivindicações britânicas contra o Brasil através de um tribunal de arbitramento foram frustrados porque o Brasil insistia em que o tribunal devia considerar também as exigências brasileiras resultantes da perseguição e captura de navios mercantes brasileiros pela esquadra inglesa antes do fim do tráfico de escravos. O Brasil rejeitou também as pressões inglesas que procuravam estabelecer um tratado comercial[11].

No fim de 1862, as relações entre Brasil e Grã-Bretanha chegaram ao ponto crítico. Esta intensificação de velhas controvérsias eram parcialmente uma conseqüência da nomeação do irascível William D. Christie, em 1859, como embaixador inglês no Brasil. Apenas havia chegado

9. Mauá ao Marquês de Olinda, Rio, 1 de janeiro de 1863. Arquivo do Museu Imperial de Petrópolis (doravante AMIP), Maço CXXXIII, Doc. 6546.
10. Teixeira de Macedo a Soares de Souza, Londres, 8 de outubro de 1852. AHI, 217/3/7, nº 18.
11. MANCHESTER, British Preëminence, pp. 266-297; Teixeira de Macedo a Soares de Souza, Londres, 22 de agosto de 1853. AHI, 217/3/7, nº 19.

da Argentina, onde serviu com resultados amargos algo semelhantes. Seu moto era:

Não confie em brasileiro, [e mais tarde escreveu que estava convicto de que] o governo brasileiro não queria fazer justiça, a não ser por medo.

O imperador brasileiro e o ministro das relações exteriores estavam surpreendidos com seu temperamento desnecessariamente beligerante; e juízos semelhantes foram emitidos por membros da oposição no Parlamento britânico. Sua atitude geral estava resumida quando escreveu que

os ingleses amigos do Brasil podiam ajudá-lo melhor aconselhando-o a atender pronta e respeitosamente às justas exigências do governo inglês[12].

Christie dedicou-se com energia a todos os problemas desagradáveis que estavam pendentes entre as duas nações. Chamou a atenção do governo brasileiro para jornais do Rio que se deu ao trabalho de recortar cuidadosamente; nestes jornais havia anúncios de escravos que diziam terem nascido na África, ainda numa idade que necessariamente deviam ter sido importados depois de 1831. Presidiu a destituição do tribunal de arbitramento. Chegou ao ponto de defender o direito dos missionários ingleses de importarem opúsculos religiosos[13].

12. HENRY S. FERNS, *Britain and Argentina in the Nineteenth Century* (Oxford, 1960), pp. 318-321; JAMES R. SCOBIE, Los representantes británicos y norte-americanos en la Argentina (1852-1862), *Historia* VI (Buenos Aires, 1961) nº 23 (abr.-jun.), 122-166, nº 24 (jul.-set.), 85-128, *passim*, especialmente nº 24, pp. 93-96; Christie a Anti-Slavery Society, Uxbridge, 26 de junho, 1864, Cópia. AMIP, Maço CXXXIV, Doc. 6576; WILLIAM D. CHRISTIE, *Notes on Brazilian Questions* (Londres e Cambridge, 1865), p. lxvii; *Diário de D. Pedro II, 1861-1863*, 10 de dezembro de 1862. AMIP, Maço XXXV, Doc. 1055; D. Pedro II ao Marquês de Abrantes, n.d. [1863]. AMIP, Maço CXXXIII, Doc. 6546, nº 16; Abrantes a Carvalho Moreira, Rio, 8 de janeiro de 1863. AHI, Casa Forte, 410/5/93, sem número; Discursos de Bramley e Buxton, House of Commons, 6 de março de 1863. *Hansard's Parliamentary Debates*, 3ª série, CLIX (fev.-mar., 1863), 1138 e 1160.
13. CHRISTIE, *Notes on Brazilian Questions*, pp. 83-84; [Christie], "Introduction", *The Brazil Correspondence in the Cases of the "Prince of Wales" and the Officers of the "Forte" (Reprinted from the Papers Laid before Parliament); with an Introduction Telling Some Truth about Brazil* (Londres, 1863), pp. vi-vii; *Esboço Histórico da Escola Dominical da Igreja Evangélica Fluminense, 1855-1932* (Rio, 1932), p. 97.

Christie, finalmente, aproveitou-se de dois incidentes para formular um *ultimatum* e, depois, visto que o Brasil não satisfazia suas exigências, ordenou ao almirante inglês que aí estava que efetuasse represálias. Como protesto, o Brasil rompeu as relações diplomáticas com o Reino Unido. Foi nesse drama que Mauá desempenhou seu breve, mas importante papel, e por isso, é preciso descrever detalhadamente estes acontecimentos.

As duas questões que Christie usou como bases de um *ultimatum* foram, primeiro, a pilhagem de um navio inglês naufragado na costa do Rio Grande do Sul, os suspeitos assassinos dos sobreviventes e a pretensa falha das autoridades brasileiras em tomar as necessárias medidas para a prisão dos culpados; e, segundo, a prisão e o ignominioso tratamento de três oficiais ingleses — nenhum deles com farda — detidos em estado de embriaguez na cidade do Rio de Janeiro[14]. Christie exigiu indenização pecuniária pelo navio naufragado e castigo para os responsáveis pela prisão dos oficiais[15]. A atitude de Christie quando deu o *ultimatum* é indicada pela declaração de que esperava

> grande benefício para os interesses ingleses no Brasil da lição que agora pode ser dada, e pode ensinar-lhes que o Governo de Sua Majestade, embora paciente e indulgente, finalmente não lhes permitirá brincadeiras[16].

No dia 29 de dezembro de 1862, o ministro das relações exteriores do Brasil, o Marquês de Abrantes (Miguel Calmon du Pin e Almeida, 1796-1865), apresentou a resposta do Brasil às exigências de Christie. Deplorando

14. Estas questões são discutidas detalhadamente em meu artigo "The Basis for the Rupture of Diplomatic Relations between Brazil and Great Britain in 1863", que agora aparece em tradução portuguesa na *Revista de História* de São Paulo, numa série que começa com o número de julho, 1961.

15. Três cartas juntas formam o ultimato: Christie ao Marquês de Abrantes, Petrópolis, 5 de dezembro de 1862, incluída in Christie a Russell, Rio, 15 de dezembro de 1862. Nº 70, "Correspondence Respecting...", *Sessional Papers*, 1863, LXXIII, 233-234; Christie a Abrantes, Petrópolis, 5 de dezembro de 1862, incluída na mesma carta, *ibid.*, pp 234-235; e Christie a Abrantes, Petrópolis, 5 de dezembro de 1862, incluída in Christie a Russell, Rio, 8 de dezembro de 1862. Nº 68, *ibid.*, p. 232. É possível que a Inglaterra se sentisse mais livre para intervir nesta questão porque os Estados Unidos estavam envolvidos na Guerra Civil.

16. Christie a Russell, Rio, 8 de dezembro de 1862. Nº 68, *ibid.*, p. 232.

o fato de terem sido feitas represálias por questões tão triviais, o governo brasileiro negou a responsabilidade que se lhe atribuía no caso do naufrágio; e – "se fosse obrigado a ceder à força" – pagaria sob protesto tudo o que Christie ou seu governo exigissem. Quanto aos oficiais, Abrantes disse que não podia atender às exigências inglesas, julgando mais honroso sofrer as conseqüências[17].

Na manhã de 31 de dezembro Christie anunciou que estava fazendo represálias. Sob suas ordens dois navios de guerra começaram a capturar todos os navios brasileiros que entravam ou saíam do porto do Rio, retendo-os numa baía próxima[18]. As tensões nas relações anglo-brasileiras atingiram o auge.

Já no dia seguinte, 1 de janeiro de 1863, sente-se na correspondência diplomática uma mudança repentina no tom de Christie. Nesse dia escreveu a Abrantes que estava pronto a

considerar... qualquer proposta razoável... como, por exemplo, uma atribuição de todas as questões controversas a uma arbitragem imparcial[19].

Isso era consideravelmente menos do que exigia anteriormente, e pela correspondência publicada não se pode dizer que foi o Brasil que recuou.

Qual foi a causa do repentino recuo de Christie? No Arquivo do Museu Imperial de Petrópolis há duas cartas escritas por Mauá e endereçadas ao Marquês de Olinda (1793-1870), chefe do ministério, nas quais insistia que era por causa de seus esforços que Christie começou a considerar a questão sob outro aspecto[20]. Não há dúvida de que Mauá desempenhou importante papel neste ponto, e é

17. Abrantes a Christie, Rio, 29 de dezembro de 1862. *Relatório da Repartição dos Negócios Estrangeiros... 1863*, Anexo I, pp. 122-123.

18. Christie a Russell, Rio, 8 de janeiro de 1863. Nº 72, "Correspondência Referente...", *Sessional Papers*, 1863, LXXIII, 238-239; Warren (British Vice-Admiral) ao Ministério da Marinha, *Forte*, Rio, 8 de janeiro de 1863, incluída in Romaine a Hammond, Ministério da Marinha, 4 de fevereiro de 1863. Nº 75, *ibid.*, pp. 273-274.

19. Christie a Abrantes, Rio, 1 de janeiro de 1863, incluída in Christie a Russell, Rio, 8 de janeiro de 1863. Nº 72, *ibid.*, p. 261.

20. Mauá a Olinda, Rio, 1 de janeiro e 3 de janeiro de 1863. AMIP, Maço CXXXIII, Doc. 6546. Doravante estas duas cartas reunidas serão citadas simplesmente como Mauá a Olinda.

138

provável que seus esforços tenham sido o fator decisivo nos acontecimentos diplomáticos daqueles dias. Por conseguinte, merecem detido exame.

A ação de Mauá foi motivada pelo medo das conseqüências financeiras oriundas das dificuldades com a Inglaterra. Previu que

os interesses comerciais da nação, profundamente abalados pela falta de confiança inerente na existência de uma grave complicação com a Inglaterra, sofreriam enormemente[21].

No fim de 1862 estava procurando adquirir seu mais importante empreendimento industrial, uma fundição e um estaleiro, transferidos para mãos inglesas[22]. Por isso estava perfeitamente ciente de toda ameaça à estabilidade do negócio. Como escreveu:

Aqueles que têm negócios na Europa, têm obrigações que devem ser satisfeitas em épocas fixas, e a remessa dos fundos necessários no tempo certo é indispensável[23].

Estava também preocupado com seus juros bancários. Oito anos antes havia organizado o instituto bancário Mauá, McGregor & Cia. Pelo ano de 1862 era um dos principais bancos ńo Rio[24]. Nessa ocasião escreveu que

os bancos da cidade... ficarão seriamente embaraçados se a transmissão de fundos de um lugar para outro for parcialmente suspensa.

Além disso, estava muito preocupado com a taxa de câmbio: qualquer

lentidão nas transações ou incerteza geral causará uma queda da taxa de câmbio[25].

Predisse que se a taxa de câmbio em pêni por mil-réis no Rio baixasse a menos de 26, haveria uma corrida às reservas em ouro do Banco do Brasil por parte dos especuladores[26].

21. *Ibid.*
22. CLÁUDIO GANNS, nota in MAUÁ, *Autobiografia*, p. 112n.
23. Mauá a Olinda:
24. GANNS, nota in MAUÁ, *Autobiografia*, pp. 237n., 273n.; FARIA, *Mauá*, p. 221; MARCHANT, "Mauá, the Banker", p. 426.
25. Mauá a Olinda.
26. A taxa de câmbio no Rio, em 1862, flutuou entre 24,25 e 26,75, presumivelmente mais próxima do segundo número no

Ele ajudou a fundar este banco em 1853 e nele ainda tinha interesses, e, por isso, estava em condições de saber que não poderia fazer frente a este vendaval[27]. Concluiu que o Brasil enfrentaria um "terrível cataclismo" se nada fosse feito para evitar o rompimento com a Grã-Bretanha[28].

Levado por estas considerações, Mauá inicialmente tentou provocar um protesto por parte de alguns homens de negócios ingleses residentes no Rio. Ele escreveu:

Fui ter com os principais negociantes ingleses e fiz-lhes ver que estava em suas mãos exigir uma entrevista com seu embaixador e mostrar-lhe as desastrosas conseqüências de seus atos[29].

Christie relatou a seu governo que

os brasileiros naturalmente fizeram esforços para induzir os negociantes britânicos a protestar... Alguns, que no começo pensaram em dar este passo, cederam logo ao conselho do bom senso[30].

Mas Mauá falou antes do

grande número de comerciantes ingleses que espontaneamente me procuraram como seu líder para exercer influência sobre seu embaixador tendo em vista superar as dificuldades daquele momento.

Segundo ele, ao apresentar seu caso a Christie, eles decidiram fazer com que Mauá participasse da conversa. Depois que os negociantes ingleses saíram, encontrou uma oportunidade para falar a sós com Christie[31].

---

fim do ano; em 1863, os números correspondentes foram 26,63 e 27,88, J. F. NORMANO, *Brazil, a Study of Economic types* (Chapel Hill, N. C., 1936), p. 199. Depois que as relações foram rompidas, Abrantes partilhou dos temores de Mauá e escreveu que "o estado do tesouro e o mercado me preocupam. O London and Brazilian [Banco] propôs 26,75 por 50 ou 100.000 libras: rejeitei *in limine*. Tudo isso depende de Mauá e dos outros bancos nacionais". Abrantes a D. Pedro II, [depois de 25 de maio de 1863]. Maço CXXXIII, Doc. 6546.

27. MAUÁ, *Autobiografia*, p. 228; MARCHANT, "Mauá, the Banker", p. 415.

28. Mauá a Olinda.

29. *Ibid.*

30. Christie a Russell, Rio, 8 de janeiro de 1863. Nº 72, "Correspondência Referente...", *Sessional Papers*, 1863, LXXIII, 239.

31. Mauá a Olinda.

Nesta conversa privada, Mauá sublinhou as possíveis conseqüências financeiras e comerciais das ações de Christie, desenvolvimentos que viriam prejudicar os extensos interesses comerciais ingleses tanto quanto os brasileiros. "Vendo que estava impressionado com a gravidade da situação que suas próprias ações haviam criado", escreveu Mauá, "mas percebendo sua dificuldade em recuar, ocorreu-me perguntar-lhe se não seria melhor entregar a solução das questões à arbitragem de uma terceira potência." Depois de muita hesitação, Christie concordou em que, se o Brasil propusesse a arbitragem, ele aceitaria a proposta. "Confesso que estava exultante", exclamou Mauá. Apressou-se em levar a notícia a Olinda, que a levou a Abrantes, onde foi ouvida a proposta de Mauá. Mauá esperava que o gabinete aproveitasse imediatamente a ocasião para pôr fim à crise antes que chegasse qualquer notícia de que navios brasileiros haviam sido realmente capturados[32].

O ministro, contudo, e especialmente o imperador D. Pedro, ficaram chocados quando descobriram estes desdobramentos. No diário pessoal do imperador lemos que desde o dia 24 de dezembro havia anotado a decisão do gabinete de deixar que os ingleses usassem a força antes de ceder em alguma coisa, assim como o viajante entregará o dinheiro ao salteador sem com isso dar a entender que o direito está com o segundo. Assim deu-se conta de que neste caso devia seguir este processo. Conseqüentemente viu com apreensão o plano de Mauá segundo o qual o Brasil devia ser o primeiro a segerir a arbitragem[33]. Nesta mesma noite, 31 de dezembro, instruiu Abrantes a fim de que informasse Christie de que, em vez de propor a arbitragem, o Brasil apelaria para o governo britânico através do embaixador brasileiro em Londres[34]. Mauá

---

32. *Ibid.*

33. *Diário de D. Pedro II*, 24 de dezembro e 31 de dezembro de 1862. AMIP, Maço XXXV, Doc. 1055. É preciso assinalar aqui que o imperador desempenhou papel ativo nos negócios nacionais. Nesse tempo de crise lia toda a correspondência, assistia a todas as reuniões de gabinete, exigia documentos adicionais, e em certas ocasiões chegou mesmo a fazer correções nas respostas do ministro das relações exteriores a Christie tanto em questões substanciais como de pormenor. Ver, por exemplo, AMIP, Maço CXXXIII, Doc. 6545, nºs 9, 23, 24 e 49.

34. Abrantes a Christie, Rio, 31 de dezembro de 1862, incluída in Christie a Russell, Rio, 8 de janeiro de 1863. Nº 72,

ficou "assombrado" diante desta reação depois dos esforços que fizera[35].

No dia seguinte, ainda na esperança de uma rápida solução para a crise, e desconhecendo a argumentação do gabinete, Mauá mais uma vez foi ter com Christie. O embaixador inglês disse-lhe que, realmente, relataria tudo a Londres, exatamente como o Brasil desejava, se o Brasil propusesse a arbitragem. Abrantes, é claro, permaneceu inflexível e, finalmente, informou Mauá de que o conselho de estado foi de parecer que a proposta de arbitragem devia partir de Christie[36].

Mauá, contudo, não perdeu a coragem. Voltou mais uma vez ao embaixador inglês e, depois de muito discutir, acabou convencendo-o de propor a arbitragem. O resultado foi a nota conciliatória de Christie de 1 de janeiro[37]. Alguns dias depois, Mauá escreveu a seu amigo no Uruguai, Andrés Lamas, dizendo

que foi minha espinhosa tarefa convencer Christie de seu erro, e felizmente ele concedeu mais do que se poderia esperar, recuando completamente[38].

Mauá, depois, como resultado de sua posição de amizade com ambas as partes, agiu pelo menos como intermediário nestas delicadas negociações; e, se o abrandamento de Christie foi realmente o resultado da influência de Mauá, deve-se-lhe também a honra de uma parte ativa na melhoria das relações internacionais. Todavia é possível que Christie nunca tivesse proposto a arbitragem se não fossem os argumentos persuasivos de Mauá, e, neste caso, o Brasil não teria emergido do incidente numa posição tão forte.

De outro lado, pode ser também que Christie não tenha sido motivado tanto pelas insistências de Mauá quanto por outros desdobramentos. O anúncio das represálias causou grande agitação na cidade do Rio. Foram feitos discursos na bolsa de comércio; Christie recebeu

"Correspondência Referente...", *Sessional Papers*, 1863, LXXIII, 2⌐⌐, Mauá a Olinda.

35. Mauá a Olinda.
36. *Ibid.*
37. *Ibid.*
38. Mauá a Andrés Lamas, Rio, 6 de janeiro de 1863. MAUÁ, *Correspondência Política*, p. 173, (ver nota 7).

142

comunicações ameaçadoras; o governo brasileiro colocou uma guarda próxima da sua residência; e ele receava sair pelas ruas[39]. É possível que estes acontecimentos tenham preparado a ação do embaixador inglês. De qualquer forma, parece mais provável que tenham sido os argumentos de Mauá referentes à ameaça à estabilidade dos negócios e aos interesses britânicos mais do que a ameaça da ação popular que o convenceu a mudar de rumo.

Seja como for, Christie realmente sugeriu a arbitragem. A máquina diplomática entrou em movimento, e no dia 3 de janeiro foi elaborado um memorando para servir de projeto de acordo. O Brasil ainda concordava em pagar sob protesto aquilo que o governo inglês exigia no caso do navio naufragado, mas a questão dos oficiais devia ser atribuída a uma terceira potência[40]. Enquanto isso, vários navios foram realmente capturados, um fato de certa importância mais tarde[41].

Nossa história não pode parar aqui, visto que a avaliação plena do feito de Mauá só pode ser feita à luz dos desdobramentos subseqüentes. Pode parecer surpreendente que o Brasil não atribuísse as duas questões à arbitragem como Christie sugeriu em sua nota de 1 de janeiro. De fato, quando Abrantes perguntou a Christie se este se referia às duas questões apesar da indicação anterior do Brasil de que pagaria por uma se fosse forçado, Christie respondeu afirmativamente[42]. Afirmou-se que o Brasil concordou em

39. Christie a Russell, 8 de janeiro de 1863. Nº 72, "Correspondência referente...", *Sessional Papers*, 1863, LXXIII, 239-240; JOÃO MANOEL PEREIRA DA SILVA, *Memórias de meu Tempo*, 2 vols. (Rio, [1895?]), I, 311; WANDERLEY PINHO, *Cotegipe e seu Tempo; Primeira Phase, 1815-1867*, Biblioteca Pedagógica Brasileira, série 5: Brasiliana, 85 (São Paulo, 1937), p. 679.

40. Memorando de base para a conciliação, 3 de janeiro de 1863, incluído in Christie a Russell, Rio, 8 de janeiro de 1863. Nº 72, "Correspondência Referente...", *Sessional Papers*, 1863, LXXIII, 265-266.

41. Lista dos Navios Apreendidos, incluída in Romaine a Hammond, Ministério da Marinha, 4 de fevereiro de 1863. Nº 75, *ibid.*, p. 274; e Christie a Russell, Rio, 8 de janeiro de 1863. Nº 72, *ibid.*, p. 240.

42. Abrantes a Christie, Rio, 2 de janeiro de 1863. *Relatório da Repartição dos Negócios Estrangeiros... 1863*, Anexo I, p. 143; Christie a Abrantes, Rio, 2 de janeiro de 1863, incluído em Christie a Russell, Rio, 8 de janeiro de 1863. Nº 73, "Correspondência Referente...", *Sessional Papers*, 1863, LXXIII, 264.

pagar aquilo que se pedia no caso do navio naufragado, em vez de atribuir esta parte do caso à arbitragem, porque o Brasil não considerava conveniente incomodar um árbitro com uma questão meramente monetária – em contraste com a honra nacional[43]. Todavia seria de estranhar se o Brasil não estivesse lançando as bases de uma futura ação diplomática.

O Brasil não deu a questão por encerrada. O embaixador brasileiro em Londres, Francisco Ignácio de Carvalho Moreira (1815-1906), depois Barão de Penedo, ao entregar a soma exigida como pagamento dos prejuízos com o navio naufragado, afirmou que o governo brasileiro agia dessa forma sob pressão e se reservava o direito de exigir satisfação pela violação das águas brasileiras por navios de guerra britânicos. Mais tarde insinuou que as represálias deveriam ter sido feitas fora dos limites da soberania brasileira e que, da maneira como foram feitas, só podiam ser consideradas atos de guerra. Exigiu que o governo britânico apresentasse desculpas e concordasse em pagar pelos danos resultantes das capturas[44].

O governo britânico, evidentemente, não satisfez a estas exigências. Tinha aprovado plenamente as medidas tomadas por Christie e aceito a solução do início de janeiro. No caso dos oficiais, o governo britânico havia consentido na arbitragem pelo rei da Bélgica, como fora sugerido pelo Brasil[45]. Quanto ao navio naufragado, a soma exigida fora paga, e a Grã-Bretanha considerava a questão encerrada.

O Brasil não. No dia 25 de maio, Carvalho Moreira pediu seu passaporte, e as relações diplomáticas foram rompidas. O Brasil correu o risco de uma guerra, guerra que teria sido desastrosa. Mauá já havia visto que "não temos força para opor-nos à força"[46]. A Grã-Bretanha,

43. PEREIRA DA SILVA, *Memórias*, I, 313; MANOEL DE OLIVEIRA LIMA, *O império brasileiro, 1822-1889* (São Paulo, [1927?]), p. 215.
44. Carvalho Moreira a Russell, Londres, 26 de fevereiro de 1863. *Relatório*, 1863, Anexo I, pp. 174-175; Carvalho Moreira a Russell, Londres, 5 de maio de 1863. *Aditamento ao Relatório da Repartição dos Negócios Estrangeiros... 1863* (Rio, 1864), Anexo I, pp. 7-8.
45. Russell a Carvalho Moreira, Foreign Office, 12 de fevereiro de 1863. Nº 79, "Correspondência Referente...", *Sessional Papers*, 1863, LXXIII 277.
46. Mauá a Olinda.

144

contudo, não optou pelo desafio. A decisão do rei belga em favor do Brasil deu a Inglaterra a oportunidade de reatar as relações diplomáticas em 1865, em termos amplamente favoráveis ao Brasil[47]. O resultado final foi a reafirmação da liberdade brasileira frente à interferência aberta da Inglaterra. Embora as linhas básicas da política britânica com relação ao Brasil provavelmente não mudassem, os esforços mais clamorosos para impor seus desejos cessaram depois deste caso[48].

Mauá não acompanhou estas sutilezas da diplomacia brasileira, provavelmente porque raciocinava mais em termos de dinheiro. Seu objetivo foi sempre evitar a

perturbação das importantes relações entre a Inglaterra e o Brasil que tão intimamente afetam os interesses comerciais e monetários de nossa economia[49].

Por isso não se reconciliou com a má vontade brasileira em propor imediatamente a arbitragem, antes que qualquer navio fosse capturado e o comércio sofresse dano. Mais tarde escreveu que

infelizmente, nosso governo provou sua capacidade de cometer disparates! Falhou ao não concordar com uma composição honrosa quando podia tê-la feito, antes dos insultos de que fomos vítimas[50].

Nem suas ações, em compensação, foram inteiramente apreciadas por alguns membros do governo. Mauá ficou "profundamente magoado" ao descobrir que, "tendo-me esfalfado durante três dias", um membro do gabinete "quase estigmatizou publicamente meu comportamento"[51]. Provavelmente tratava-se de uma referência

47. Decisão de Sua Majestade o Rei dos Belgas. "Despacho de Lord Howard de Walden, transmitindo a Decisão... [Bruxelas, 22 de junho de 1863]", *Sessional Papers*, 1863, LXXIII, 361-362; MANCHESTER, *British Preëminence*, pp. 281-282. Leopoldo, rei da Bélgica, escreveu a D. Pedro II: "Parece que a personalidade do embaixador inglês foi a causa principal das infelizes e lamentáveis questões levantadas", Leopoldo a Pedro II, Lucken, 14ª.de março de 1863. AMIP, Maço CXXXIII, Doc. 6546.

48. MANCHESTER, *British Preëminence*, pp. 283-284.

49. Mauá a Olinda.

50. Mauá a Andrés Lamas, Rio, 6 de fevereiro de 1863. In MAUÁ, *Correspondência política*, p. 175.

51. Mauá a Olinda.

ao Visconde de Sinimbu (João Lins Vieira Cansanção de Sinimbu, 1810-1906), Ministro da Agricultura e do Comércio, porque no dia 31 de dezembro o imperador escreveu em seu diário que Sinimbu ameaçou demitir-se caso as sugestões de Mauá fossem adotadas e o Brasil propusesse a arbitragem[52].

Apesar destas desinteligências, parece evidente que as ações do homem de negócios e do governo se complementaram na consecução do sucesso diplomático. Se Christie não tivesse sido o primeiro a recuar de sua posição e a sugerir a arbitragem, o Brasil não estaria em condições de fazer exigências à Inglaterra no sentido de reparar os agravos. Assim Christie deu uma oportunidade ao Brasil para reafirmar sua independência da tutela britânica. E a Mauá deve ser atribuída boa parte do mérito por ter persuadido Christie a agir dessa forma. Depois tomou parte direta no curso da diplomacia anglo-brasileira em 1862-1863, e sua contribuição não pode ser ignorada.

52. *Diário de D. Pedro II*, 31 de dezembro de 1862. AMIP, Maço XXXV, Doc. 1055.

6. A INGLATERRA E OS ABOLICIONISTAS BRASILEIROS*

Embora os ingleses tivessem cessado de interessar-se muito pela questão da escravatura no Brasil a partir de 1871, os abolicionistas brasileiros começaram a interessar-se pelos ingleses. Foi da Inglaterra que Joaquim Nabuco tirou muitos de seus argumentos contra a escravidão e foi para a lei vigente inglesa de 1831 que ele e outros apelaram para provar a ilegalidade da escravatura. Este capítulo

---

* Publicado pela primeira vez em meu livro *Britain and the Onset of Modernization in Brazil, 1850-1914* (Cambridge, Impressão: Cambridge University Press, 1968) pp. 176-186.

147

é tirado de um estudo mais amplo do efeito da presença inglesa no Brasil.

A utilização de idéias e de modelos organizacionais ingleses pelos abolicionistas no Brasil é de real importância. Os primeiros publicistas desta causa foram influenciados pelos ingleses, e um dos líderes abolicionistas mais importantes, Joaquim Nabuco (1849-1910), inspirado na cruzada inglesa mais antiga, criou uma organização de propaganda modelada na *British and Foreign Anti-Slavery Society*. Além disso, tanto ele como seus correligionários contaram com argumentos contra os senhores de escravos excogitados pelo Ministério das Relações Exteriores da Inglaterra.

Um dos precursores do movimento abolicionista já se utilizara destes belicosos pontos de debate. Aureliano Cândido Tavares Bastos, o advogado do livre comércio, sustentava que os brasileiros só deviam sentir gratidão para com a Inglaterra por ter ela posto um ponto final no tráfico negreiro abrindo assim o caminho à imigração e à supressão da própria escravatura. Ao mesmo tempo em que Christie preparava represálias contra o Brasil, Tavares Bastos defendia o diplomata britânico, fazia citações dos *British Blue Books* e das publicações dos adversários da escravatura ingleses. Atacou a exploração dos emancipados e deu ampla publicidade à carta do Lord John Russell que se seguiu às ações de Christie, uma carta que vinculava as represálias à sorte daqueles infelizes. Tavares Bastos chegou a ser o símbolo da inovação geral, e, tivesse vivido por mais tempo, certamente ter-se-ia postado nas linhas de frente das hostes abolicionistas, ao lado de Joaquim Nabuco[1].

Na ardente campanha abolicionista que começou em 1879 havia muitos líderes impelidos por motivos vários e condicionados por passados e experiências diversas.

---

1. *Correio Mercantil*, 13 de julho, p. 1; 15 de julho, p. 1; 17 de julho, p. 1, 1862; AURELIANO CÂNDIDO TAVARES BASTOS, *Cartas do Solitário*, 3. ed., Brasiliana, 115 (São Paulo, Editora Nacional, 1938), pp. 119-180 (esp. pp. 153, 156-8, 161, 180), 461-5. CHRISTIE usou a posição de Tavares Bastos para apoiar seu ataque contra o Brasil, *Notes on Brazilian Questions*, Londres, Macmillan, 1865, p. XX; CARLOS PONTES, *Tavares Bastos (Aureliano Cândido), 1839-1875*, Brasiliana, 136 (São Paulo, Editora Nacional, 1939), pp. 338-9.

Vem-nos à mente, de modo especial, o fogoso líder negro, José do Patrocínio. Mas Joaquim Nabuco, cujos contatos com os ingleses foram íntimos e extensos, estava entre os mais importantes destes batalhadores. Nascido no seio de uma família de senhores de engenho do Nordeste, de moderados recursos mas excelentes relações, Nabuco foi dominado pela imagem quase esmagadora de seu pai Nabuco de Araújo, nobre estadista do velho regime. Arrancado, na idade de sete anos, dos braços amorosos de sua avó, a cujos cuidados fora confiado desde a primeira infância, foi arrastado para uma atmosfera altamente exigente criada por seu severo pai. Por muitos anos, sua energia e capacidade pareceram estar sem direção, como se não pudesse sobressair onde seu pai havia primado. Apesar de ter freqüentado o que havia de melhor em matéria de Direito naquela época no Brasil, Joaquim Nabuco contentava-se com ser meramente amador em Direito, literatura e jornalismo por volta de dez anos depois de diplomado. Enquanto se agitava futilmente à procura de auto-realização, fazia longas viagens, às vezes sozinho, outras vezes como secretário da missão diplomática brasileira nos Estados Unidos e na Grã-Bretanha, posições que seu pai lhe assegurava. Em breve adquiriu a reputação de dândi, ocupado que estava com as limitadas perspectivas abertas por seu pai. Mas, quando Nabuco de Araújo morreu, em 1879, Joaquim imediatamente descobriu um sentido para sua vida, e este consistia em destruir uma das bases do regime do qual seu pai foi tão benemérito. Ainda depois do fim do império, Joaquim, tangido pelo remorso, dedicou a maior parte de seu tempo durante dez anos a escrever uma alentada biografia de seu pai, num estilo de "vida e época" que ainda permanece clássico. Somente depois sentiu-se em condições de viver com o regime republicano que tanto fizera para implantá-lo, tornando-se um de seus mais importantes diplomatas.

Foi imediatamente depois de sua eleição para a Câmara dos Deputados, em 1879 — eleição arranjada pelos amigos de seu pai como uma espécie de tributo póstumo — que Joaquim Nabuco lançou a campanha abolicionista que o tornou particularmente famoso. Foi praticamente o primeiro a apresentar projetos de lei emancipacionistas no corpo legislativo, e aí proferiu poderosos ataques verbais contra a escravatura e os senhores de escravos. Derrotado na reeleição em 1881 por causa de suas tendências, partiu

149

para Londres no ano seguinte, onde estreitou os laços dos abolicionistas brasileiros com seus congêneres britânicos e escreveu sua brilhante polêmica contra a escravatura, intitulada *O Abolicionismo*. Voltou ao Brasil em 1884 e foi o líder titular e efetivo do movimento até seu sucesso em 1888[2].

A influência britânica sobre sua evolução foi muito ampla. Apesar da tendência francesa que caracterizava a educação de seu tempo, lia livros ingleses sobre política ainda quando estudante de Direito[3]. Sua primeira viagem ao exterior foi de apenas um mês na Inglaterra, mas, como escreveu, deixou-o "fascinado por Londres, afetado por um começo de anglomania"[4]. Por fim aprendeu tão bem o inglês que um abolicionista britânico foi levado a comentar condescendentemente:

> Seu inglês é realmente quase tão bom como o de um britânico: de fato, é muito melhor do que muitos de nós podem escrever[5].

Referindo-se mais tarde à sua nomeação como secretário da missão diplomática na Inglaterra em 1877, declarou: "Gosto mais de Londres do que de qualquer outra cidade ou lugar por mim visitado"[6]. "Se eu tivesse nascido inglês", escreveu a um amigo, "talvez detestasse a Inglaterra; mas como nasci brasileiro, adoro-a"[7]. Lançando um olhar retrospectivo para sua evolução intelectual, escreveu mais tarde que "a influência inglesa sobre mim foi a mais forte e duradoura de todas"[8]. Assim sendo, não causa surpresa que tivesse escolhido Londres para o exílio que

2. NABUCO, *Minha Formação*, José Olympio, 1957, pp. 16, 163, 169, 171-3; CAROLINA NABUCO, *Life of Joaquim Nabuco*, (Stanford, 1950), *passim*; NABUCO, *Um Estadista do Império*, Rio e São Paulo, 1936; cf. LUÍS MARTINS, *O Patriarca e o Bacharel* (São Paulo, Martins, 1953).

3. CAROLINA NABUCO, *Life of Joaquim Nabuco*, p. 216; NABUCO, *Minha Formação*, p. 68, mas cf. pp. 245, 248.

4. NABUCO, *Minha Formação*, p. 54.

5. Charles H. Allen a Nabuco, Londres, 21 de maio de 1886, Joaquim Nabuco Papers (JNP), Lata 7.

6. NABUCO, *Minha Formação*, p. 96.

7. Citado por CAROLINA NABUCO, *Life of Joaquim Nabuco*, p. 82.

8. NABUCO, *Minha Formação*, p. 89; ver também EUGÊNIO GOMES, *Prata de Casa (Ensaios de Literatura Brasileira)* (Rio, Editora 'A Noite', [1953?], pp. 109-110).

se impôs a si mesmo em 1882-84, quando disse que foi "para mim o paraíso da Europa"[9].

Não há dúvida de que a influência intelectual britânica mais importante exercida sobre ele não se relacionava com a escravatura mas com suas idéias sobre estrutura política. Seus pontos de vista sobre a escravatura têm suas raízes na orientação liberal de sua educação francesa e na crescente influência européia que permeava as cidades nas quais Nabuco viveu. Embora mais tarde indicasse especialmente as observações de sua infância, ao contemplar a crueldade da escravidão, como a fonte de sua ansiedade, estas não seriam significativas em outro contexto temporal e intelectual.

Era inevitável, contudo, que um brasileiro viajado e, por qualquer motivo, interessado na escravidão, olhasse para a experiência da Inglaterra e dos ingleses à procura de argumentos convincentes e de métodos testados; isso valia ainda mais para o caso de Nabuco. Familiarizou-se com o pensamento abolicionista inglês quando, ainda estudante, traduziu artigos do *Anti-Slavery Reporter* para seu pai para serem utilizados no órgão do Partido Liberal que Nabuco de Araújo havia fundado. Foi nesse tempo que Joaquim escreveu um pequeno livro que não foi publicado, intitulado *A Escravidão*, no qual citava extensamente os líderes abolicionistas ingleses, Sir Thomas Buxton, William Wilberforce e Henry Peter, Lord Brougham, a quem chamou o "corajoso defensor da liberdade humana". O primeiro projeto de lei por ele apresentado para a completa emancipação dos escravos foi escrito com a experiência inglesa na mente[10].

Seu projeto sofreu uma derrota tão rápida e retumbante que chegou à conclusão de que somente uma campanha propagandística longa e intensa poderia mobilizar

9. CAROLINA NABUCO, *Life of Joaquim Nabuco*, pp. 83, 197.

10. NABUCO, *Minha Formação*, pp. 34, 120; NABUCO, *Um Estadista do Império*, II, 82; JOAQUIM NABUCO, "A Escravidão", MS., 1870, Parte I, pp. 83, 85, AIHGB, L135, MS2346; CAROLINA NABUCO, *Life of Joaquim Nabuco*, p. 17; seu primeiro projeto, seguindo o exemplo inglês, pedia indenizações para os senhores de escravos, mas posteriormente, em momentos mais críticos, houve quem invocasse este exemplo; ver discursos de Benedicto Valladares, Brasil, Congresso, Câmara dos Deputados, *Anais*, 1885, III, 283.

a opinião pública e forçar os interesses entrincheirados a cederem. Dirigindo mais uma vez o olhar para o modelo inglês, fundou, em 1880, a Sociedade Brasileira Contra a Escravidão. Imediatamente enviou o manifesto da sociedade para sua homônima, a *Anti-Slavery Society* de Londres, e seus líderes asseguraram mais tarde que "os abolicionistas do Brasil... tinham o apoio do público inglês e desta sociedade". Nabuco fundou um periódico abolicionista no qual dava mostras de regozijo pelo apoio encontrado na Inglaterra, e foi com orgulho algo exagerado que imprimiu a carta da *Ladies' Negros' Friend Society* de Birmingham[11].

Nabuco decidiu logo fazer um apelo pessoal tendente a conseguir o apoio inglês, um movimento especialmente indicado naquela ocasião, visto que perdera a cadeira no Parlamento e, com isso, o meio mais eficaz para despertar a opinião pública para a causa. Explicou mais tarde que "a opinião mundial pareceu-me uma arma legítima a ser usada numa questão que era do interesse de toda a humanidade e não somente nosso", mas pode causar estranheza que, dado seu conhecimento da diplomacia britânica anterior de pressão sobre o Brasil, não tenha esperado agitar mais do que a opinião mundial[12]. Foi, por exemplo, a Londres que se dirigiu, visto que podia "fazer mais pela causa" ali do que na Itália, onde gostaria de visitar amigos[13]. Conferenciou com os chefes sobreviventes do movimento inglês, e fez discursos em honra de Wilberforce e Buxton diante da *British and Foreign Anti-Slavery Society*. Nos anos seguintes fez freqüentes viagens a Londres para cultivar estes contatos e, embora provavelmente decepcionado com a influência política que exerciam, aceitou de bom grado suas contribuições financeiras para cobrir a viagem e outras despesas em seu esforço por despertar o sentimento europeu. Foi também na Inglaterra, no Museu Britânico e na biblioteca privada de Richard

---

11. *O Abolicionista*, nº 1, 1º de novembro de 1880, pp. 2-3; nº 2, 1º de dezembro de 1880, pp. 3-4; Allen a Nabuco, Londres, 22 de junho de 1885; JNP, Lata 7; sobre a influência da campanha inglesa como um modelo, ver Rebouças a Nabuco, Funchal, 7 de abril de 1895, in ANDRÉ REBOUÇAS, *Diário, Notas Autobiográficas* (Rio, 1938), p. 427.

12. NABUCO, *Minha Formação*, p. 224.

13. CAROLINA NABUCO, *Life of Joaquim Nabuco*, p. 84.

Cobdens — na qual a maior parte dos livros ainda não tinham suas folhas cortadas — que começou a trabalhar em seu livro *O Abolicionismo*, um livro que discute convincentemente e pesquisa minuciosamente a escravidão e suas desvantagens[14].

Enquanto isso, muitas sociedades abolicionistas iam sendo formadas no Brasil, e a cruzada abolicionista ganhava impulso. Em 1883, a Confederação abolicionista foi fundada com a finalidade de agrupar todas as agremiações desta natureza na área Rio-Niterói. Nos cinco anos seguintes os membros das agremiações apresentaram uma série de conferências, quase uma por semana, e o pretexto mais banal era motivo para manifestação, com desfiles, bandeiras e discursos. Publicaram-se muitos jornais, e todos os meios possíveis foram tentados para levar a causa ao público. O Parlamento tratou da questão da escravatura quase constantemente de 1884 a 1888, e tanto os publicistas como a fuga de escravos eram responsabilizados por este novo interesse[15].

Um argumento que os abolicionistas brasileiros tiraram quase que textualmente dos diplomatas britânicos de vinte anos antes era aquele que sublinhava o fato de que um amplo segmento da população escrava era mantido ilegalmente, visto que tinha sido importado depois de 1831 ou descendia de tais escravos. Especialmente Nabuco tendia a lançar mão deste argumento. "O simples exame dos títulos de posse escrava seria suficiente para pôr-lhe fim", dizia no manifesto inicial de sua sociedade em 1880. No ano seguinte estudou as realizações dos primeiros cinco meses da campanha abolicionista e concluiu que nada era mais significativo do que

14. Joseph Cooper a Nabuco, Walthamstow, 15 de abril de 1881; Allen a Nabuco, Londres, 9 de fevereiro de 1881; Joseph G. Alexander a Nabuco, Londres, 28 de julho e 4 de agosto de 1883, JNP, Lata 7; *O Abolicionista*, nº 6, 1 de abril de 1881, p. 3; nº 7, 1 de maio de 1881, p. 5; Nabuco a Penedo, Brighton, 4 de outubro de 1882, in JOAQUIM NABUCO, *Obras completas*, 14 vols. (São Paulo, Instituto Progresso Editorial, 1949), XIII, 73; NABUCO, *O Abolicionismo* (Rio e São Paulo, 1938), que está cheio de citações que denotam a influência britânica, por exemplo, pp. 28, 88, 94n, 96, 230, 239, e muitos títulos de capítulos.

15. EVARISTO DE MORAES, *Campanha Abolicionista*, (Rio, 1924), pp. 21, 24-5, 33-4, 45-171 (esp. 58), 321-53.

a declaração muitas vezes repetida por nossos adversários de que fazer valer a lei de 1831 equivalia à imediata emancipação. . . forçamos a escravidão a admitir sua ilegalidade.

Usando os mesmos métodos empregados por Christie, os abolicionistas começaram a examinar os anúncios colocados nos jornais para a venda de escravos e encontraram muitas provas de escravos que se diziam nascidos na África e numa idade tal que deviam ter sido importados depois de 1831. Se o imperador nada pode contra os "barões de escravos", escreviam eles, pelo menos deveria pôr um fim a estes "anúncios revoltantes"[16].

Outros abolicionistas, como Luís Gama (1830-82), começaram a elaborar um argumento legal em favor destes escravos, referindo-se sem rancor ao papel dos ingleses na criação da lei de 1831 e aos protestos ingleses contra as tentativas brasileiras de modificá-la[17]. Por fim levaram a questão ao tribunal, apesar do receio institucionalizado deste tema. Quando, em 1854, um juiz de primeira instância ameaçou declarar ilegal a manutenção de um escravo importado depois de 1831, foi o pai de Nabuco que escreveu que o governo estava decidido a não tocar neste assun-

---

16. JOAQUIM NABUCO, "Manifesto da Sociedade Contra a Escravidão, 1880", in OSVALDO MELO BRAGA, *Bibliografia de Joaquim Nabuco*, Instituto Nacional do Livro, Coleção B-1, Bibliografia, 8 (Rio, Imp. Nacional, 1952), p. 21; *O Abolicionista*, nº 3, 1 de janeiro de 1881, p. 5. Ver outras referências à lei de 1831 in NABUCO, *O Abolicionista*, pp. 60, 102-3; CARLOS ARTHUR BUSCH VARELLA, *Conferência sobre a Lei de 7 de Novembro de 1831 Realizada no dia 9 de março de 1884 a Convite do Club Abolicionista Sete de Novembro* (Rio, Tip. Central de Evaristo Rodrigues da Costa para a Confederação Abolicionista, 1884). Christie não foi o último inglês a insistir na abolição da escravatura no Brasil baseado neste princípio, *British and Foreign Anti-Slavery Society* ao Príncipe Luís de Orleans, Conde d'Eu, Londres, 24 de outubro de 1870, AMIP, CLVII, 7363; cf. esta posição com aquela in *O Abolicionista*, nº 1, 1º de novembro de 1880, p. 1; nº 3, 1º de janeiro de 1881, p. 3.

17. LUIZ GAMA, "Questão Jurídica: Subsistem os Effeitos Manumissores da lei de 26 de janeiro de 1818, depois da de 7 de novembro de 1831 e 4 de outubro de 1850?", *A Província de São Paulo*, 18 de dezembro de 1880, p. 5; este artigo pode ser encontrado também, em forma seriada, in *O Abolicionista*, nº 2, 1º de dezembro de 1880, p. 6; nº 6, 1º de abril de 1881, pp. 2-4; nº 8, 1º de junho de 1881, p. 8; e em SUD MENUCCI, *O Precursor do Abolicionismo no Brasil (Luiz Gama)* (São Paulo, n. p., 1938), pp. 165-86.

to, baseando-se "nos princípios da ordem pública" e agindo com "a aprovação geral de todo o país".

Não seria justo, [acrescentou], pronunciar uma sentença contra a lei, mas não há dúvida de que é justo evitar um julgamento que viesse pôr em perigo estes princípios e causar alarme e exasperação nos proprietários.

Agora, contudo, os tribunais não podiam evitar o julgamento desta questão visto que os abolicionistas insistiam com centenas de casos de escravos nesta situação. Em 1881, os abolicionistas ainda podiam dizer, referindo-se à lei e aos anos que haviam decorrido desde sua aprovação, que "os juízes deste país ou não sabem ler ou não sabem contar"[18]. Mas em breve alguns juízes, movidos pela própria força da campanha abolicionista, começaram a dar sentenças favoráveis. A partir de cerca de 1883, poucos tribunais negavam a liberdade ao escravo que conseguisse provar que ele ou seus pais tinham sido introduzidos depois de 1831. Um advogado numa única ocasião conseguiu a liberdade de 716 escravos nesta base[19].

A indicação da Grã-Bretanha como modelo de ação humanitária apresentava certas dificuldades aos publicistas que atuavam num tempo de crescente autoconsciência nacional. Os atos insultuosos perpetrados por Christie de forma alguma tinham sido esquecidos. Os abolicionistas às vezes ignoravam o problema, mas em outras ocasiões enfrentavam-no com firmeza e defendiam as ações britânicas. Nabuco, por exemplo, já dedicara uma ampla secção de seu pequeno livro composto nos tempos de estudante aos esforços britânicos para erradicar o tráfico negreiro. Embora se referisse ao *Aberdeen Bill* como "um insulto à nossa dignidade como país independente", sustentava que

nesta questão o Brasil estava desde há muito do lado do tráfico de escravos, deixando a Inglaterra a função de defensor da humanidade.

Reconheceu que a extinção da escravatura no Brasil era devida igualmente à ação inglesa e à cooperação brasi-

18. Nabuco de Araújo a José Antonio Saraiva, 22 de setembro de 1854, in NABUCO, *Um Estadista do Império*, I, 177; *O Abolicionista*, nº 12, 28 de setembro de 1881, p. 8.

19. MORAES, *Campanha Abolicionista*, pp. 182 e ss, 203n.

155

leira, dado que nenhum dos dois países podia fazer alguma coisa nesta questão sozinho. Como escreveu mais tarde, "a questão nunca deveria ter sido Brasil contra Inglaterra, mas antes Brasil e Inglaterra contra o tráfico"[20].

Naturalmente, seus opositores não perderam a oportunidade de acusá-lo de criatura vil dos ingleses, um traidor de seu país. Se tivessem sabido que ele não só possuía os livros de Christie sobre o Brasil mas os emprestava aos amigos, teriam sido mais veementes em suas diatribes[21]. Defendia-se dizendo que

> aqueles que desejavam ver o Brasil vinculado ao progresso de nosso século... são sempre apontados como agentes estrangeiros, [e acrescentava]

> nada ofende mais o patriotismo dos defensores da escravidão do que o apelo à opinião mundial. Ninguém pode fazer isso sem ser acusado de ligações com a Inglaterra. Ainda não a perdoaram por ter posto fim ao tráfico de escravos[22]!

Ironicamente, por causa da delicada posição em que se encontravam, os ingleses aqui residentes esforçavam-se para ficar fora do foco da campanha abolicionista. Somente através de referências ocasionais ficamos sabendo o que faziam os ingleses residentes no Brasil em favor da abolição. Um americano sulista escreveu em tom de crítica, em 1867, que

> o elemento inglês da população deste país se opõe à escravidão, e está instilando tranqüilamente este princípio, não apenas expressando opiniões, mas em certos casos ajudando na libertação dos escravos através de contribuições pecuniárias[23].

Pelo menos um engenheiro inglês no Rio arvorou-se em defensor da causa emancipacionista. O *Anglo-Brazilian*

20. NABUCO, "A escravidão", Parte I, pp. 36, 38; NABUCO, *O Abolicionismo*, p. 93. As opiniões de Nabuco sobre o papel dos ingleses não mudou com a idade, NABUCO, *Um Estadista do Império*, I, 165. Ver também NABUCO, *O Abolicionismo*, pp. 89, 90, 96; REBOUÇAS, *Diário*, p. 400.
21. BRAGA, *Bibliografia de Joaquim Nabuco*, p. 245; Francis Clare Ford a Nabuco, Petrópolis, 11 de dezembro de 1880, JNP, Lata 7.
22. NABUCO, "Manifesto da Sociedade Contra a Escravidão, 1880", pp. 15, 18.
23. JAMES MCFADDEN GASTON, *Hunting a Home in Brazil. The Agricultural Resources and Other Charateristics of the Country; also, the Manners and Customs of the Inhabitants* (Filadélfia, King & Baird, 1867), p. 228.

156

Times, publicado pelo inglês William Scully, também apoiou fortemente os abolicionistas. Outros ingleses apoiaram a emancipação no Rio Grande do Sul[24]. E parece provável que sendo residentes urbanos, parte da própria comunidade comercial que lutou em prol dos movimentos emancipacionistas, os ingleses no Brasil não podiam deixar de serem envolvidos. Se não tivessem contribuído podemos supor que seus companheiros não teriam hesitado em apontá-los como amigos da escravidão mais do que o fizera Christie em outros tempos.

De outro lado, podemos também presumir que, sendo em sua maioria negociantes, temiam qualquer mudança que pudesse pôr em perigo sua posição. Provavelmente os grandes importadores percebiam melhor a dependência do país do café produzido pelo braço escravo do que os varejistas que constituíam o grosso da comunidade comercial. Nem podemos estar certos de que os que investiam no Brasil pensavam diferentemente. A famosa St. John d'El Rey Mining Co., fundada em 1830, era conhecida por seu emprego de escravos nas minas. Nabuco denunciou a companhia no Parlamento brasileiro, e uma cópia de seu discurso foi enviada ao Ministério das Relações Exteriores da Inglaterra. A *British Anti-Slavery Society* tomou a si o caso e o levou à Câmara dos Comuns[25]. Mas pouco

---

24. REBOUÇAS, *Diário*, pp. 283, 302; JOÃO FRICK, *Abolição da Escravatura. Breve notícia sobre a primeira sociedade de emancipação no Brasil (Fundada na cidade do Rio Grande do Sul, em março de 1869)* (Lisboa, Lallemant Frères, 1885), *passim* e esp. pp. 8, 12, 13, 18, 26, 29.

25. DAVID JOSLIN, *A Century of Banking in Latin America; to Commemorate the Centenary in 1962 of the Bank of London and South America Limited* (Oxford Univ. Press, 1963), p. 153; discurso de Joaquim Nabuco, Brasil, Congresso, Câmara dos Deputados, *Anais*, 1879, IV, 182-5; Ford a Nabuco, Rio, 3 de outubro de 1879; Allen a Nabuco, Londres, 22 de novembro de 1881, e 21 de junho de 1883; David Cornfoot a Nabuco, Londres, 29 de março de 1881, JNP, Lata 7; Grã-Bretanha, Parlamento, *Hansard's Parliamentary Debates*, 3ª série, CCLXXII (julho de 1882), 1685-6; CCXXIII (jul.-ago., 1882), 581-2, 744; JOAQUIM NABUCO, Correspondência, *Jornal do Commercio*, 13 de agosto de 1882, p. 2; 26 de agosto de 1882, p. 2; CAROLINA NABUCO, *Life of Joaquim Nabuco*, p. 57; *Times* de Londres, 27 de outubro de 1883, p. 13; 3 de novembro de 1890, p. 11; REBOUÇAS, *Diário*, p. 297. Cf. BERNARD HOLLOWOOD, *The Story of Morro Velho* (Londres, St. John d'El Rey Mining Company, Ltd, 1955), pp. 31, 34, 38.

pôde ser feito. Em 1882, Nabuco resumiu a situação quando escreveu que, embora a causa da abolição tenha sido vencida perante a Europa, não foram vencida perante "os europeus estabelecidos no país que em grande parte ou possuíam escravos ou não acreditavam no Brasil sem escravos e temiam por seus interesses"[26]. Mas, chegada a hora, os interesses britânicos só sofreram momentaneamente quando, afinal, a escravatura foi abolida[27].

A lei que pôs fim à escravidão no Brasil sem compensação foi assinada pela princesa regente, no dia 13 de maio de 1888. Celebrações durante todo um mês tornaram-se a regra nos centros urbanos do Brasil, com fogos, discursos e desfiles. No interior, contudo, houve pouca celebração. Os próprios escravos estavam desorientados, sem saber o que fazer com sua liberdade. Muitos afluíram às cidades à procura dos companheiros que anteriormente haviam deixado as fazendas, contribuindo para aumentar os problemas das vilas e cidades. Os senhores, mesmo os que haviam consentido na emancipação ou haviam cooperado nos últimos lances do movimento, não puderam deixar de ficar atordoados com a rapidez da transformação. A depressão econômica no interior foi o resultado inicial da lei da abolição.

E foi para a Inglaterra que o Brasil se dirigiu para amainar a tempestade. No segundo semestre de 1888, o governo decidiu ajudar os cafeicultores, agora às voltas com uma enorme folha de pagamentos, seja emprestando dinheiro aos bancos que, por sua vez, o emprestariam aos fazendeiros, seja permitindo que os bancos lançassem mão de seus próprios meios. Para financiar este movimento, o governo levantou um empréstimo de mais de seis milhões de libras esterlinas em Londres, uma operação que se repetiu com a mesma finalidade no ano seguinte. Mas o efeito de tudo isso foi o início de um plano quimérico de um investimento gigantesco que se desenvolveu

---

26. NABUCO, *O Abolicionismo*, p. 42; em 1850 uma família inglesa colocava um anúncio procurando uma mucama, e isso certamente era típico, *Jornal do Commercio*, 11 de janeiro de 1850, p. 4.

27. JOSLIN, *A Century of Banking*, p. 153; os efeitos de pequena monta numa estrada de ferro inglesa que servia um distrito cafeeiro podem ser vistos in *Times* de Londres, 27 de outubro de 1888, p. 13; 3 de novembro de 1890, p. 11.

ainda mais nos anos seguintes em favor das classes empresariais urbanas, os mesmos elementos que mais se haviam destacado no longo trajeto que levou à queda da escravidão. Os fazendeiros brasileiros mais progressistas foram salvos pela contínua demanda de café no mercado mundial, uma demanda que estavam em condições de satisfazer por causa das ações britânicas em outras áreas da vida brasileira[28].

A Inglaterra desempenhou um papel importante na abolição da escravidão no Brasil. Apesar do desacordo entre ingleses e brasileiros quanto ao problema do tráfico 'de escravos, os dois países estavam efetivamente de acordo quanto à abolição do tráfico, secando as fontes de suprimento de novos escravos, significando assim o fim definitivo da instituição. Por meio de pressão constante, o governo inglês sugeriu a necessidade de acabar totalmente com a escravidão. Forçando os brasileiros a aprovar a antiga lei de 1831, davam aos abolicionistas de meio século mais tarde um argumento legal devastador contra os senhores de escravos. E foi um homem profundamente influenciado pelos ingleses que fez da causa abolicionista sua paixão absorvente; na Inglaterra este homem encontrou tanto o modelo de sua campanha como seus argumentos.

De outro lado, o fator causador decisivo foi a grande mudança que se verificou no Brasil. Foi o próprio processo de modernização que tornou necessária a abolição da escravatura. Tornou-se impossível para uma pessoa instruída da década de 1880, em contato com o mundo exterior e comprometida com os novos valores — como o eram sempre mais os brasileiros por causa da mudança moderna —, permanecer cega às desvantagens da escravidão ou imune àquilo que o mundo ocidental considerava seus aspectos revoltantes. Estar o país num mundo

---

28. ROBERTO SIMONSEN, As Conseqüências Econômicas da Abolição, *Revista do Arquivo Municipal de São Paulo*, ano IV, vol. XLVII (1938), pp. 263-5; os fazendeiros arruinados também fugiam para as cidades onde se agarravam a sinecuras e tentavam manter desesperadamente as aparências, FRANCISCO JOSÉ DE OLIVEIRA VIANNA, "O povo brazileiro e sua evolução", in Brasil, Directoria Geral de Estatistica, *Recenseamento do Brasil, 1920, Vol. I: Introdução* (Rio, Tip. da Estatística, 1922), pp. 305-6; VALENTIM F. BOUÇAS, *História da Dívida Externa* Rio, 1950, pp. 119, 121.

"civilizado" ainda com esta instituição era considerado uma praga e uma vergonha. Grupos urbanos sempre mais impetuosos e coesos respondiam com veemência ao apelo dos abolicionistas e emprestavam seu apoio vital aos escravos que fugiam das fazendas. Os fazendeiros do café há pouco estabelecidos nas terras do Centro-Oeste de São Paulo de boa vontade procuraram alternativas para a escravidão. A real contribuição britânica para a abolição da escravatura no Brasil deve ser procurada em todas aquelas ações que, de uma forma ou de outra, tendiam a transformar a estrutura econômica e social do país, levando o Brasil a um contato mais íntimo com o mundo exterior. Sua ajuda direta para a causa da abolição foi apenas parte deste esforço mais amplo.

7. SIPAIOS E IMPERIALISTAS*

O esforço dos abolicionistas brasileiros deve ser considerado em dois contextos: o imperialismo britânico e a estrutura social do Brasil. O presente ensaio dirige-se para o primeiro destes contextos e pergunta, entre outras coisas: Que representam os abolicionistas brasileiros dentro do sistema mais amplo de dependência nacional? Um juízo sobre os abolicionistas exige uma referência tanto à sua

---

* Publicado pela primeira vez sob o título Sepoys and Imperialists: Techniques of British Power in Nineteenth-Century Brazil, *Inter-American Economic Affairs*, XXIII, nº 2 (outono, 1969), pp. 23-37.

consciência social quanto à sua responsabilidade nacional. Neste capítulo, considero também as razões do declínio do interesse britânico pela questão da escravatura brasileira, depois de 1871. O leitor levará em consideração que este ensaio foi escrito num estilo popular para uma revista americana e tenta despertar o interesse do leitor ligando os acontecimentos do século XIX às preocupações hodiernas.

Hoje é truísmo dizer que a rápida ascensão dos Estados Unidos no cenário mundial colheu de surpresa o público americano[1]. Embora freqüentemente sejamos inclinados a vangloriar-nos de nossa posição preeminente, o poder esmagador dos Estados Unidos no mundo subdesenvolvido nem sempre é apreciado mesmo por aqueles que o exercem diretamente. Especialmente digna de nota é uma incapacidade para entender até onde as pessoas das áreas subdesenvolvidas ficam constantemente chocadas com as atitudes americanas, com suas crenças e valores que são estranhos à sua cultura e tendem a fender a contextura de suas sociedades. Nos últimos vinte e cinco anos, o rápido desenvolvimento de métodos sofisticados de persuasão e mesmo de controle de opinião aumentou grandemente o grau em que os povos com tecnologias atrasadas podem ser manipulados por aqueles que controlam tanto as ferragens (*hardware*) como os cordéis (*software*) da comunicação O início dos sistemas de comunicação por satélite tenderá a exacerbar ainda mais esta condição, embora a maior parte dos americanos não tenha consciência desta dimensão de sua força expansiva. Prova deste fato é a freqüência com que nos deparamos com a crença de que se os cidadãos de um país estrangeiro atestarem o efeito benéfico da presença americana em seus países, fica demonstrado o caráter benéfico deste efeito. Se alguém sugere que os valores que exportamos podem não ser adequados às necessidades de desenvolvimento das nações que os recebem, há sempre um Galo Plaza para ser apresentado como exemplo da maneira como estes valores são reconhecidos pelos próprios latino-americanos como dignos de propagação e de expansão. Enquanto o desembarque os fuzileiros navais dos Estados Unidos ou outro emprego aberto do poder político contra re-

---

1. Uma forma modificada deste artigo foi lida nos encontros da American Historical Association, em dezembro de 1968. Na presente versão aproveitaram-se a discussão que se seguiu e as observações feitas pelo Professor Peter Winn.

giões recalcitrantes sempre despertou a atenção, muito mais penetrante e significativo foi o grau com que os Estados Unidos exerceram o controle através de modernos sipaios que dominam seus países em benefício dos Estados Unidos.

O objetivo deste artigo é assinalar como já no século XIX, antes do desenvolvimento dos modernos meios de manipulação, um poder imperial — a Grã-Bretanha — encontrou a maneira de persuadir um número bastante grande de líderes num país subdesenvolvido — Brasil — de que os valores, as atitudes, crenças e interesses do poder imperial eram precisamente adequados às necessidades do país que os recebia[2].

Em primeiro lugar, é preciso recordar que o comércio era um mecanismo propulsor da expansão britânica no século XIX. A crescente produtividade das fábricas inglesas impelia a uma procura de mercados sempre mais amplos. As mesmas forças que na década de 1840 exigiam a abertura dos portos chineses, em tempos passados haviam demonstrado grande interesse em acabar com os monopólios mantidos por Espanha e Portugal no Novo Mundo. A abertura dos portos do Brasil em 1808 foi o resultado direto da ação britânica, e o tratado comercial de 1810 formalizava a posição preferencial do comerciante inglês. Na década de 1850, os ingleses começaram a levantar decididamente o problema da abertura do rio Amazonas ao comércio mundial[3]. Os argumentos usados em favor do projeto pareciam-se com aqueles empregados no Extremo Oriente, isto é, que era uma afronta à civilização impedir a livre expansão mundial do comércio. Assim a firme crença nos valores a serem outorgados a outros pelos benefícios do comércio caracterizavam a maneira de pensar dos ingle-

2. Esta análise e algo de minha terminologia devem muito às sugestões feitas por JOHN GALLAGHER e RONALD ROBINSON, The Imperialism of Free Trade, *Economic History Review*, 2ª série, VI (1953), 1-15. D. C. M. PLATT em sua *Finance, Trade, and Politics in British Foreign Policy, 1815-1914* (Oxford, 1968) tem um ponto de vista contrário. Todavia, faz isso enfatizando excessivamente certos pontos na tese de Gallagher-Robinson a expensas do impulso global do tema deles, a grande parte do qual Platt diz realmente dar crédito.

3. Sérgio Teixeira de Macedo a Limpo de Abreu, Londres, 30 de maio, 1854, e 30 de junho, 1854, Arquivo Histórico do Ministério das Relações Exteriores, Itamarati (doravante AHI), 217/3/8, nº 21 e 22.

ses da mesma forma como os esforços hodiernos para disseminar ou manter certos sistemas econômicos assumiram qualidades messiânicas.

Mas o que realmente surpreende é que as "colônias" aceitaram o ponto de vista de que se tratava de verdadeiros benefícios. Assim o embaixador brasileiro em Londres durante a década de 1860 considerava uma das maiores realizações

a penetração do comércio em todas as partes do globo. . . sobre os destroços de obstáculos artificiais criados pelos governos[4].

Nesta mesma época, um publicista brasileiro, defendendo a abertura do Amazonas, dizia que

se a China, o Japão ou a Cochinchina insistiam teimosamente em enclausurarem-se dentro dos muros de seus preconceitos, as invencíveis armadas do Ocidente iam pôr abaixo estes frágeis muros e içar nas torres coloridas de suas velhas cidades a bandeira humanitária do comércio universal[5].

O anglófilo Visconde de Mauá considerava uma das suas mais notáveis realizações o fato de ter contribuído para tornar o Amazonas verdadeiramente acessível ao comércio mundial (isto é, inglês)[6]. Assim as "colônias" aceitavam, mais do que isso, davam as boas-vindas à expansão do poder imperial. Em nossos dias, programas importados de pequena relevância para as reais necessidades do Brasil são igualmente aclamadas por líderes brasileiros.

A redução das barreiras aduaneiras era um objetivo constante do exportador inglês. E, para seu contentamento, na década de 1850 os brasileiros deram início à redução das taxas. Os brasileiros sentiam-se atraídos pelas novas "ciências" econômicas importadas do estrangeiro — mormente de feição inglesa — e eram também impelidos pelas crescentes necessidades de lucros da exportação agrícola. Uma comissão governamental encarregada da revisão das

4. FRANCISCO CARVALHO MOREIRA, BARÃO DE PENEDO, *Relatório Sobre a exposição internacional de 1862* (Londres, 1863), p. XXXI.
5. AURELIANO CÂNDIDO TAVARES BASTOS, *Cartas do Solitário*, 3. ed., Brasiliana, 115 (São Paulo, 1938), p. 357.
6. IRINEU EVANGELISTA DE SOUZA, VISCONDE DE MAUÁ, *Autobiografia (Exposição aos credores e ao público) seguida de "O meio circulante no Brasil"*, ed. Cláudio Ganns, 2. ed. (Rio de Janeiro, 1942), pp. 142-150.

tarifas recomendou, em 1853, uma redução global das barreiras alfandegárias[7]. Na década de 1860, um admirador da Inglaterra insistia em que as tarifas fossem reduzidas ainda mais[8]. Na década de 1880, outro anglófilo preconizava que a indústria só podia sobreviver "num ambiente de competição [internacional]"[9]. A Associação Comercial assegurava, naquela mesma época, que "o comércio direto com países estrangeiros será um dos melhores meios para garantir o desenvolvimento e o progresso do país"[10]. Tarifas protetoras nunca foram sistematicamente adotadas pelo Brasil a não ser já bem dentro do.século XX; e até o fim do século XIX a Inglaterra contava com sua superioridade no plano industrial e com o predomínio da marinha mercante para garantir que o comércio com o Brasil favoreceria principalmente aos ingleses[11].

Com a expansão do comércio inglês veio a difusão da ideologia da classe média, na qual o *laissez faire*,o evangelho do trabalho, o liberalismo político e o fim da escravidão humana desempenharam uma parte importante. Embora o governo brasileiro nunca chegasse ao ponto de afastar-se completamente da economia, esta era a direção geral para a qual tendia o século XIX. E os defensores brasileiros de tal mudança, amigos dos ingleses, podiam ser encontrados sem dificuldade, embora as tradições culturais se orientassem precisamente em direção oposta. Pelo ano de 1850, uma comissão oficial podia comunicar que toda indústria devia ter "a liberdade... de dispor de seus produtos e de fazer suas próprias transações e negócios"[12]. Homens de negócios brasileiros criticavam regu-

---

7. BRASIL, Commissão Encarregada da Revisão de Tarifa em Vigor, *Relatorio... que acompanhou o projecto de tarifa apresentado pela mesma commissão ao governo imperial* (Rio de Janeiro, 1853).

8. CARLOS PONTES, *Tavares Bastos (Aureliano Cândido)*, 1839-1875, Brasiliana, 136 (São Paulo, 1939), p. 205.

9. JOAQUIM NABUCO, Correspondência, *Jornal do Commercio*, 24 de dezembro de 1882, p. 2.

10. ASSOCIAÇÃO COMMERCIAL DO RIO DE JANEIRO, *Resposta da Associação commercial do Rio de Janeiro aos quesitos da Commissão Parlamentar de Inquerito* (Rio de Janeiro, 1883), p. 9.

11. NÍCIA VILLELA LUZ, *Aspectos do Nacionalismo Econômico Brasileiro. Os Esforços em prol da Industrialização*, Coleção da *Revista de História*, 16 (São Paulo, 1959).

12. BRASIL, COMMISSÃO, *Relatorio...* (citado na nota 7), p. 298.

larmente o governo porque, como escreveu um deles, "mantinha leis restritivas contrárias à liberdade"[13]. Outro citava J. S. Mill e acreditava que "a melhor fórmula é simplesmente esta: o máximo de liberdade individual, o mínimo de interferência governamental"[14]. O auge deste movimento se verificou na administração financeira de Joaquim Murtinho, Ministro da Fazenda de 1898 a 1902, que demonstrou, baseado na evidência das teorias de Herbert Spencer, que o governo deve abster-se absolutamente de interferir no mundo dos negócios. Não só arrendou as ferrovias do governo (a companhias inglesas) mas propôs que os correios voltassem à empresa privada[15].

O grau em que o direito inglês de sociedades era tido como um exemplo a ser copiado lembra a maneira pela qual a imitação das instituições americanas, desde os edifícios públicos e a reforma urbana até o sistema de governo na universidade, é defendida por sipaios hodiernos. Assim, as facilidades concedidas pela legislação britânica para a associação de capital foram apontadas como fatores fundamentais "que elevaram a Inglaterra ao grau de riqueza e prosperidade que agora manifesta"[16]. Insistia-se numa legislação semelhante para o Brasil.

A crença na virtude do trabalho árduo considerado em si mesmo foi outro valor importante. Por mais útil que possa ter sido, alimentando o crescimento econômico, tendia a minar a crença tradicional brasileira no valor superior da dignidade interna, no cálido relacionamento interpessoal, e numa vida de paz serena. Os empresários e inovadores brasileiros — especialmente aqueles influenciados pelos ingleses — fizeram-se defensores da nova causa. Mauá declarou que

> o trabalho é a fonte perene de prosperidade pública, e não é apenas digno de. . . proteção, mas mesmo de sublime honra.

13. MAUÁ, *Autobiografia*, p. 239.
14. ANDRÉ REBOUÇAS, *Agricultura nacional, estudos econômicos; propaganda abolicionista e democrática* (Rio de Janeiro, 1883), p. 274.
15. JOAQUIM MURTINHO, *Introducções aos relatorios do Dr. Joaquim Murtinho* (Rio de Janeiro, 1902).
16. ANTÔNIO REBOUÇAS in FRANCISCO CARVALHO MOREIRA, BARÃO DE PENEDO, *Relatório sobre a Exposição Internacional de 1862* (Londres, Brettell, 1863), p. 198; ver também Mauá citado por *Jornal do Commercio*, 3 de março de 1851, in MAUÁ, *Autobiografia*, p. 127n.

Seu brasão expressava esta idéia pela legenda *Labor impro-bus omnia vincit*. Tavares Bastos criticava os primeiros colonizadores do Brasil porque eram "ansiosos por riqueza ganha sem o abençoado suor da fadiga", e um negociante insistia em que o "trabalho é enobrecedor" e a base de toda independência viril. André Rebouças expressou-se dessa forma:

> Quando Deus criou o Mundo, disse a este: move-te; quando Deus criou o homem, disse-lhe: trabalha[17].

A liberdade política do indivíduo foi o objetivo firmemente perseguido pela burguesia inglesa no século XIX. Os imitadores brasileiros apressaram-se em defender a mesma causa. O direito de "livre expressão, por escrito ou oralmente, em reuniões ou em jornais", por exemplo, era exigido por anglófilos[18]. Mas "a liberdade individual como uma realidade prática"[19] ia diretamente contra as qualidades políticas do velho Brasil, onde os direitos do indivíduo eram apenas aqueles determinados por seu lugar imutável numa estrutura social estática. Ainda hoje, os direitos individuais não são muito respeitados no Brasil; não há dúvida de que no século XIX esta era uma crença alienígena.

Outra exportação britânica foi a oposição à escravatura. A grande maioria dos brasileiros — excluídos, é claro, os próprios escravos — não viam muita razão para excitação quanto à propriedade de escravos durante a primeira metade do século XIX. Mas a moralidade etnocêntrica do britânico não só o levou a tomar enérgicas medidas para acabar com o tráfico negreiro e libertar os filhos de mães escravas, mas foi também aceita, no fim, por muitos brasileiros. Este segundo fato explica por que os ingleses estavam dispostos a limitar alvos e a deixar de interessar-se

---

17. MAUÁ, *Autobiografia*, p. 133; AURELIANO CÂNDIDO TAVARES BASTOS, *Os Males do Presente e as Esperanças do Futuro*, 2. ed., Brasiliana, 151 (São Paulo, 1939), p. 30; MALVINO DA SILVA REIS citado in *Jornal do Commercio*, 20 de janeiro de 1882, p. 4; REBOUÇAS, *Agricultura Nacional*, p. 15.

18. RUY BARBOSA, *Liberdade Commercial. O Partido Liberal Bahiano. Discurso proferido... na Assembléia Provincial da Bahia na sessão de 27 de junho de 1878* (Bahia, 1878), p. 19.

19. JOAQUIM NABUCO, *Um Estadista do Império, Nabuco de Araújo. Sua vida, sua época* [2. ed.?], 2 vols. (Rio de Janeiro e São Paulo, 1936), I, 81n.

muito diretamente na questão depois dos primeiros anos da década de 1870. Se o sentimento abolicionista não tivesse despertado no Brasil e a escravidão tivesse perdurado pelo século XX adentro, poder-se-ia imaginar o clamor público na Inglaterra e a renovada fúria de moralismo que ali se verificaria. Isso nunca aconteceu porque os próprios brasileiros empunharam os cacetes em prol da abolição. Assim, podemos concluir que quando havia pouco apoio interno para um ataque ao sistema escravista no Brasil, os ingleses utilizavam a força; mas quando os grupos internos começaram a trabalhar em busca do mesmo fim, os ingleses podiam abster-se e, de fato, se abstiveram de usar a força. A vontade da Inglaterra podia ser realizada sem necessidade de controle político.

A tentativa de exportar aquilo que aqui chamo de moralidade etnocêntrica não é, evidentemente, desconhecida nos impérios informais de hoje. E em ambos os casos, as preocupações humanitárias estão entrelaçadas com outros motivos. As forças motoras que estavam atrás dos interesses ingleses em acabar com a escravidão são controvertidas e não é meu intento explorar estas questões aqui; mas não há dúvida de que uma das fontes de resistência foi a crença vagamente professada, tanto por humanitaristas como por outros, que a sociedade não escravocrata seria mais apta para o crescimento e o progresso. Exatamente como a exportação da reforma agrária nos primeiros anos da década de 1960 ou o controle da natalidade em nossos dias. Os humanitaristas encontram aliados entre aqueles que procuram oportunidades de negócios, porque estes últimos crêem que será melhor se houver estabilidade e crescimento econômico. Se este argumento for aceito, então é instrutivo notar que aquelas mudanças iniciais impostas ao Brasil, mais tarde, desenvolveram seu próprio impulso interno, que o movimento abolicionista brasileiro ajudou muito a ascensão dos grupos urbanos, e que estes grupos no século XX se voltaram contra os negociantes ingleses, particularmente na tentativa de estabelecer tarifas protetoras. Isso significa que o início da mudança pode levar a desenvolvimentos imprevisíveis que são hostis aos interesses do poder imperialista.

É claro que não é meu propósito insurgir-me contra o valor do trabalho duro, da liberdade individual, da abolição da escravatura ou da reforma agrária. Minha intenção é antes sugerir que a força do poder imperial não deve

168

ser medida apenas ou primariamente pelos atos manifestos de controle político mas pelo grau com que estes valores, atitudes e instituições de uma nação expansionista se infiltram e sobrepujam aqueles da nação que os recebe.

Neste processo, o colaborador ativo ou sipaio é indispensável. Verifica-se o caso quando influentes publicistas e políticos locais se convencem de que o estilo de vida da potência imperial é o melhor imaginável, de que a força daquela nação está no seu auge, embora a evidência possa depois ser digna de nota. No Brasil do século XIX havia reflexos tanto institucionais como pessoais deste mecanismo de controle imperial.

O declínio da extraterritorialidade é um bom exemplo da maneira como o controle direto pode ser diminuído em razão da crescente congruência entre as instituições da metrópole e a colônia. O direito dos negociantes ingleses no Brasil de serem julgados por juiz inglês foi herdado de práticas em uso em Portugal e estabelecidas no início das relações comerciais regulares entre Grã-Bretanha e Brasil, em 1810. A prática, contudo, foi abandonada em 1845. Vejamos como esta prática se teria tornado importante caso tivesse continuado: se todo engenheiro inglês das estradas de ferro, estabelecido ao longo das linhas britânicas que, finalmente, se dirigiram para o interior, fosse protegido por um tribunal especial inglês, as faixas de terreno que ladeiam tais estradas ter-se-iam tornado virtualmente território inglês. Mas a extraterritorialidade não foi mantida no Brasil mesmo numa época em que era ampliada na China, por uma simples razão: não havia necessidade de manter o controle inglês. O enviado inglês encarregado de preparar um novo tratado comercial no começo da década de 1840, com surpresa constatou que os negociantes ingleses consideravam supérfluos os tribunais especiais[20]. Podia-se ter confiança na disposição do governo brasileiro de manter a estabilidade e a necessária benevolência com relação aos comerciantes, de modo que não havia necessidade de outra medida. Em 1850, os brasileiros aprovaram um amplo código comercial referente às falências, contratos e

20. ALLAN K. MANCHESTER, *British Preëminence in Brazil: its Rise and Decline. A Study in European Expansion* (Chapel Hill, 1933), pp. 87-88, 292, cf. I-TU SUN, *Chinese Railways and British Interests*, 1898-1911 (Nova York, 1954) e GEORGE WILLIAMS KEETON, *The Development of Extraterritoriality in China*, 2 vols. (Londres, 1928).

outras relações comerciais que os negociantes ingleses julgaram perfeitamente satisfatório[21]. Assim, toda tendência
a um império formal pôde ser seguramente anulada.

Um bom exemplo de colaborador brasileiro na expansão do poderio britânico é o Visconde de Mauá. Tentou,
sem sucesso, adquirir seu mais importante empreendimento
industrial, uma fundição e um estaleiro, transferidos para
mãos inglesas. Seus dois empreendimentos mais prósperos
— uma companhia de gás e a Companhia de Navegação do
Amazonas — foram ambos vendidos a companhias inglesas
que ele tinha estimulado com este objetivo. No caso da
Companhia Amazonas, o negócio incluía quase um milhão
de acres de terras brasileiras. Mauá serviu também de instrumento na organização da *Brazilian Submarine Telegraph
Company, Ltd.*, à qual fez uma doação da concessão que
ele tinha de ligar o Brasil a Portugal por meio de cabo.
Além disso, em 1864-65 procurou, sem sucesso, levar a cabo
a fusão de seu banco com o *London and Brazilian Bank*.
Confiava plenamente no valor do capital inglês para o
Brasil, e seu apoio a certas ferrovias foi resultado direto de
seu desejo de estimular investimentos ingleses[22]. Defendia
os ingleses em suas relações com as companhias brasileiras
mesmo quando sabia que a razão não estava com os primeiros, simplesmente para preservar o "crédito do Brasil
em Londres"[23]. Seu amor à pátria talvez fosse tão intenso
como o de qualquer outra pessoa, mas acreditava que a
necessidade de sua nação levava a uma subordinação mais
estreita com relação ao predomínio estrangeiro.

Outro brasileiro intimamente ligado aos ingleses foi
Joaquim Nabuco. Sua relação com os interesses mercantis
ingleses era muito íntima e, escrevendo a um homem de
negócios inglês, afirmava que era sua

21. *The Rio Mercantile Journal*, 19 de fevereiro, 1850,
p. 12.

22. MAUÁ, *Autobiografia*, pp. 112n., 116, 143-145, 148,
148n., 151n., 152-153, 208-211, 269; CLÁUDIO GANNS, "Introdução", *ibid.*, p. 77; fichários da Rio de Janeiro Gas Company,
Ltd., e Amazon Steam Navigation Company, Ltd., Public Record
Office (Londres), BT 31/1064/1912C e BT 31/14438/6238; Parece-
res do Conselho do Estado, novembro, 1876, Arquivo Nacional (Rio
de Janeiro), Cod. 783, 1, 17, pp. 135-147; DAVID JOSLIN, *A Century of Banking in Latin America; to Commemorate the Centenary
in 1962 of the Bank of London and South America, Limited* (Londres, Oxford University Press, 1963), pp. 69-74, 79.

23. MAUÁ, *Autobiografia*, p. 182.

170

persistente esperança ter êxito na consecução de uma posição de confiança. . . na qual eu possa servir aos interesses de minha própria nação e daqueles que nela procuram aplicar capital inglês.

Como agente do imperialismo inglês, era soberbo:

Quando entro na Câmara [dos Deputados], dizia, "estou inteiramente sob a influência do liberalismo inglês, como se estivesse trabalhando sob as ordens de Gladstone.... Sou um liberal inglês. . . no Parlamento brasileiro"[24].

Um dos mais proeminentes publicistas no Brasil no fim do século passado e no começo deste foi Rui Barbosa. No relacionamento entre a colônia informal e a metrópole, Barbosa era um "Tio Tom". Ele mesmo admitia que "a Inglaterra sempre foi a grande mestra de meus princípios liberais". Certa ocasião escreveu da Inglaterra:

Aqui estou nessa terra. . . onde me sinto tão desditoso de ser brasileiro e tão orgulhoso de ser um homem.

Barbosa trabalhava intimamente ligado às firmas comerciais inglesas interessadas no Brasil e quando se tornou um jurista altamente respeitado e influente seu apoio e suas opiniões em matéria jurídica foram muitas vezes inestimáveis. Seus sentimentos sobre imperialismo eram claros; ele escreveu:

Desde há dois séculos a Inglaterra exerceu, em benefício da cristandade e da liberdade, a incontestável supremacia dos mares. . . A possessão inglesa da Índia e a ascendência inglesa na China constituem uma das bases essenciais desta preponderância benigna[25].

Com brasileiros como estes em seu império informal, por que deveria a Inglaterra estender sobre ele seu controle político?

24. Joaquim Nabuco a Frederick Youle, cópia in NABUCO, *Diário* (MS), entrada para 5 de outubro, 1892, Joaquim Nabuco Papers (Rio de Janeiro); JOAQUIM NABUCO, *Minha Formação*, [? ed.], Documentos Brasileiros, 90 (Rio de Janeiro, 1957), p. 182.
25. RUY BARBOSA, *Cartas de Inglaterra* (Rio de Janeiro, 1896), p. 402; Barbosa a A. A. F. Jacobina, Teddington, 20 de agosto, 1894, in RUY BARBOSA, *Mocidade e Exílio. Cartas ao Conselheiro Albino José Barbosa de Oliveira e ao Dr. Antônio D'Araújo Ferreira Jacobina,* ed. Américo Jacobina Lacombe, Brasiliana, 38 (São Paulo, 1934), p. 240; Board Minutes, 30 de janeiro de 1906, Arquivos da Rio de Janeiro Flour Mills and Granaries, Ltd., (Londres); RAIMUNDO MAGALHÃES JÚNIOR, *Rui, o Homem e o Mito*, Retratos do Brasil, (Rio de Janeiro, 1964), p. 211.

Como transparece do exemplo de Mauá, a expansão de interesses econômicos não é só importante em si mesma mas também como um instrumento para a transformação do sistema de valores da nação que recebe. "A mágica do branco" neste caso, eram os superiores recursos de capitais da Inglaterra. Por causa disso, a vítima do imperialismo estava disposta a aceitar o predomínio da Inglaterra, e nem era necessário o uso da força. Como se expressou um negociante inglês com sua característica unilateralidade, os brasileiros

> estão conscientes das vantagens do capital inglês; sabem que a Inglaterra empresta a todo mundo e não toma emprestado de ninguém[26].

A extensão deste tipo de "ajuda externa" era verdadeiramente impressionante. Quando o investimento inglês no exterior chegou a seu ponto máximo a saída de capital da Inglaterra ascendia a mais do que 8% da receita nacional inglesa[27].

O fluxo desigual do poder econômico era básico para a influência penetrante da Inglaterra sobre o Brasil e merece ser especificamente assinalado aqui. Por volta de 1875, um só escritório comercial inglês negociava num valor de £2.000.000 de café por ano. Outra firma exportadora ampliava sua influência financiando fazendeiros, comprando indústrias de café, investindo em meios de transporte e construindo armazéns. Durante a maior parte do século XIX os ingleses forneceram mais do que a metade de todos os produtos importados pelo Brasil. Têxteis, maquinaria, vestuário, produtos alimentícios, e outros produtos manufaturados eram quase que totalmente importados da Inglaterra[28]. O controle do transporte marítimo mundial deu à Inglaterra mais uma fonte de poder. Basta citar o fato que, em 1913, os navios ingleses transportaram

26. Minutas da Assembléia Geral, 19 de janeiro, 1909, Arquivos da Rio de Janeiro Flour Mills and Granaries, Ltd. (Londres).

27. DAVID JOSLIN, *A Century of Banking in Latin America; to Commemorate the Centenary in 1962 of the Bank of London and South America, Limited* (Londres, 1963), p. 99.

28. MANCHESTER, *British Preëminence*, p. 315; MICHAEL GEORGE MULHALL, *The English in South America* (Buenos Aires, 1878), p. 349; RICHARD GRAHAM, *Britain and the Onset of Modernization in Brazil, 1850-1914*, Cambridge Latin America Studies, 4 (Cambridge, Impressão, 1968), pp. 76-80, 83.

5 dos 13 milhões de sacas de café exportadas pelo Brasil, embora quase tudo isso fosse para os Estados Unidos[29]. Um subsídio inglês destinado a um serviço de transporte marítimo para o Brasil, concedido em 1850, foi assegurado por James McQueen porque estava convencido de que a "posse de todos os canais de comunicação" com qualquer país assegurava aos ingleses "a influência política principal" ali[30]. Os bancos ingleses estenderam ramificações em todos os encaixes e fendas da vida econômica brasileira. Calculou-se que ainda por volta de 1913 os bancos ingleses detinham 30% do ativo total de todos os bancos do Brasil[31]. Um americano expansionista queixava-se, na década de 1880, de que "os ingleses estrangulavam os brasileiros"[32]. Mas com tal desigualdade de poder econômico não é de surpreender que o membro mais fraco da relação raramente protestasse contra esta situação.

Os empréstimos externos constituem um meio que permite um país exercer controle sobre outro. No século XIX, os fundos só eram canalizados através do governo quando se tratava de império formal; os bancos privados encarregavam-se do império informal. Milhões de libras esterlinas foram emprestadas ao Brasil durante os anos que precederam a Primeira Guerra Mundial e praticamente todo este dinheiro provinha da Casa Rothschild[33]. O obrigacionista brasileiro estava atento aos acontecimentos no Brasil e não demorava a levantar-se um clamor quando as coisas não iam como ele desejava. E quando o Brasil tentava violar os cânones da economia clássica, os bancos ingleses eram

29. BRASIL, Serviço de Estatística Econômica e Financeira, *Commercio exterior do Brasil. Foreign Trade of Brazil. Commerce extérieur du Brésil. Importação... Exportação.* Annos 1913-1915-1916-1917-1918. 2 vols. (Rio de Janeiro, 1921-1923), II, 240-241.

30. Citado por THOMAS ALEXANDER BUSHELL, *Royal Mail, a Centenary History of the Royal Mail Line, 1839-1939* (Londres, 1939), p. 6.

31. BRASIL, Serviço de Estatística Econômica e Financeira, *Commercio exterior do Brasil. Foreign Trade of Brazil. Commerce extérieur du Brésil. Importação... Exportação... Movimento marítimo... Movimento bancário...* Annos 1913-1915-1916-1917-1918, 2 vols. (Rio de Janeiro, 1921-1923), II, 390-419.

32. William Eleroy Curtis citado por A. P. WHITAKER, *The Western Hemisphere Idea: its Rise and Decline* (Ithaca, Nova York, 1954), p. 81.

33. VALENTIN F. BOUÇAS, *História da Dívida Externa*, 2. ed. (Rio de Janeiro, 1950).

os primeiros a objetar[34]. O Funding Loan de 1898 e as provisões que o acompanhavam eram, no século XIX, o equivalente de uma imposição IMF[35]. Naquela época, como hoje, era um meio de exercer controle sem o exercício direto da jurisdição política.

O Brasil chegava mesmo a servir de subagente dos interesses britânicos na área do Rio da Prata. Durante a primeira metade do século XIX, os ingleses intervieram com freqüência naquela área para garantir governos estáveis e livre acesso para o comércio inglês. Mas esta tarefa pôde ser deixada sempre mais aos brasileiros. Quando, por exemplo, o Brasil teve êxito em seus esforços para depor Manuel Rosas na Argentina, Lord John Russell e Lord Palmerston cumprimentaram o Brasil por sua vitória, dizendo que a partir daquela data a área não só podia contar com o sistema de segurança brasileiro e a liberdade de comércio, mas também com a proteção e a hospitalidade com relação aos estrangeiros, especialmente ingleses[36]. O Visconde de Mauá, na realidade um instrumento do imperialismo britânico, estava profundamente envolvido na economia uruguaia é nas questões políticas daquele país, exercendo grande influência[37]. O fato de que aí tenha entrado em choque com ingleses que também estavam empenhados em ampliar o poderio inglês é uma simples prova de que as forças do imperialismo não eram controladas por uma agência monolítica central e de que os agentes com freqüência não tinham consciência de suas respectivas funções.

Um curioso reflexo do grau em que o Brasil — apesar da ausência de jurisdição política direta da Inglaterra —

34. *Jornal do Commercio*, 19 de junho, 1892.
35. BERNARDINO DE CAMPOS, org. *Funding loan: o acordo do Brasil com os credores externos realizado pelo governo do dr. Prudente de Moraes em 15 de junho de 1898; documentos inéditos; várias apreciações* (São Paulo, 1908), pp. 170-196; ALCINO GUANABARA, *A Presidência Campos Salles: Política e Finanças*, 1898-1902, pp. 69-73; TOBIAS DO REGO MONTEIRO, *O Presidente Campos Salles na Europa*, 2. ed. (Rio de Janeiro, 1928), pp. 104-112.
36. Macedo a Paulino de Souza, Londres, 7 de abril, 1852, AHI, 217/3/7.
37. IRINEU EVANGELISTA DE SOUZA, VISCONDE DE MAUÁ, *Correspondência política de Mauá no Rio da Prata (1850-1885)*, org. LÍDIA BESOUCHET, 2. ed., Brasiliana, 227 (São Paulo, 1943); ÁLVARO TEIXEIRA SOARES, *O Gigante e o Rio. Ação de Mauá no Uruguai e Argentina, 1851-1878* (Rio de Janeiro, 1957).

174

era de fato uma colônia inglesa pode ver-se numa compa-.ação da atividade britânica aí e nas colônias britânicas formais. Não é este o lugar de fazer uma comparação detalhada desta matéria. Mas um caso ilustrativo é o uso de taxas de juros garantidas nos investimentos em ferrovias como meio de estimular a construção. O promotor inglês no Brasil defendia exatamente as mesmas provisões usadas na Índia[38]. As concessões brasileiras para estradas de ferro — a maior parte das quais com este juro garantido — iam parar quase que exclusivamente nas mãos dos ingleses nos primeiros tempos e, mesmo no auge da era da exportação de café, os ingleses tinham interesses financeiros em praticamente toda a ferrovia construída para servir a economia do interior do país. A mais extensa rede ferroviária de capital privado no Brasil, em 1912, era a Leopoldina Railway Company, Ltd., de propriedade inglesa; tinha uma rede de 2570 km. A mais extensa do Nordeste era a Great Western of Brazil. A ferrovia mais rentável no país era a igualmente inglesa São Paulo Railway, cujos dividendos anuais normalmente superaram o 10% durante o período de quarenta anos de 1880 a 1920, chegando em muitas ocasiões a 14%[39]. É difícil ver como esta situação poderia ser diferente se o Brasil fosse uma colônia formal inglesa.

Outro exemplo está nos esforços frenéticos da Manchester Cotton Supply Association para encontrar fontes de matéria-prima para as indústrias de algodão inglesas durante a Guerra Civil Americana. Na Índia, esta associação trabalhava de mãos dadas com as estradas de ferro inglesas. No Brasil, o superintendente da São Paulo Railway era o principal representante dos interesses daquela associação e subseqüentemente foi premiado com uma medalha de ouro por seus esforços[40]. Não havia diferença nem nos objetivos nem nos métodos.

38. FREDERICK CLAIRMONTE, *Economic Liberalism and Underdevelopment: Studies in the Disintegration of an Idea* (Londres, 1960), pp. 122-125; Thomas Cochrane à Câmara dos Srs. Deputados, 10 de abril de 1848, Arquivo Nacional (Rio de Janeiro), C585, P1, D1.

39. GRAHAM, *Britain*, pp. 54-72, 326-329; o governo britânico na ocasião exerceu pressão diplomática em benefício das ferrovias; ver, por exemplo, registros no Public Record Office (Londres) numerado FO 13/673b, 721, 722, 824; FO 128/200; FO 420-85, 87, 89, 103, 104, 124.

40. CLAIRMONTE, *Economic Liberalism*, p. 122; GRAHAM, *Britain*, pp. 67-68.

Se o Brasil era, na realidade, parte do "império informal" inglês, por que ele abandonou esta parte de seu império sem luta? Na África, os ingleses estendiam seu império formal sempre que sua autoridade, exercida através de meios informais, era ameaçada. Por que não aconteceu o mesmo no Brasil? A resposta, é óbvio, reside fundamentalmente no fato de que um poderoso competidor para o controle imperial estava emergindo no fim do século XIX e não iria tolerar que a Inglaterra tomasse esta iniciativa. Não há dúvida de que na África a ameaça de outras potências imperiais levaram a Inglaterra a impor o domínio formal o mais depressa possível. Mas naqueles casos o competidor não era tão forte. Além do mais, havia importantes diferenças na natureza da ameaça. Os principais objetivos dos ingleses foram sempre dois: (1) um governo estável — exatamente como os Estados Unidos hoje se preocupam principalmente com a estabilidade pelos mesmos motivos; e (2) liberdade para a penetração das mercadorias inglesas. No Brasil, a ascensão do poderio americano não ameaçou diretamente nenhum dos dois objetivos. Os Estados Unidos acreditavam na manutenção de uma Porta Aberta na América Latina e estavam obsecados pela procura da ordem. Assim, se a posição inglesa era ameaçada, isso se devia à fraqueza de sua própria economia em competição com os Estados Unidos e não ao fato de que estes ameaçavam criar colônias fechadas às mercadorias inglesas.

Finalmente, devemos perguntar, caso concedamos que o Brasil era parte do império informal inglês: esta condição era boa para o Brasil? Evidentemente, dependendo da definição que alguém der do "bom" a resposta variará. Mostramos, em outro lugar, que a influência inglesa no Brasil foi ambígua quanto a seu efeito sobre a modernização, mas que de modo geral os ingleses contribuíram positivamente, ajudando a destruir a sociedade tradicional[41]. Mas a relevância desta conclusão para o imperialismo informal americano de meados do século XX é pequena. Pelo menos com referência ao Brasil, é claro que a fase que cobre o período desde a independência até a Primeira Guerra Mundial foi há muito ultrapassada, e que o papel do estrangeiro ali, no dia de hoje, é profundamente diferente. Embora as velhas estruturas tenham ruído, não surgiram novas para tomar seu lugar. Nesta

41. GRAHAM, *Britain, passim.*

situação, um dos passos mais importantes em direção ao desenvolvimento será a boa vontade para sacrificar os estreitos interesses pessoais e de classe em favor do objetivo nacional mais amplo. Por conseguinte, o nacionalismo será um instrumento efetivo para possibilitar o desenvolvimento, mas o nacionalismo é subvertido pela contínua importação de uma ideologia americana e sua adoção pelos sipaios.

Nem se pode dizer que se o imperialismo ajudou o desenvolvimento do Brasil durante o século XIX terá efeito semelhante em outras áreas do mundo hodierno. Tal afirmação basear-se-ia no pressuposto de que todas as áreas do mundo se movem através de estágios fixos em direção ao desenvolvimento. Este pressuposto pôde ser aceito por Herbert Spencer ou W. W. Rostow, mas ignora a evidência histórica em contrário. Mais basicamente, isso põe de lado um fato ao qual o historiador é especialmente sensível, isto é, que já se passou um século; os valores do século XX são diferentes daqueles do século XIX. A crença na autodeterminação nacional passou das expressões de um Woodrow Wilson, por exemplo, para os lábios e mentes de estudantes, negociantes, eclesiásticos e líderes operários através de todo o mundo. E é impossível fazer o relógio voltar e fazer com que os impérios informais de hoje sejam tão aceitos como o foram há cem anos. E se não forem aceitos de boa vontade, logo deixarão de ser impérios informais. Ou o poder imperial estabelece controle político total, ou os sipaios serão levados de roldão pelos autênticos nacionalistas.

177

8. ESCRAVOCRATAS, LATIFUNDIÁRIOS E O FIM DO IMPÉRIO*

O outro contexto, além do imperialismo, no qual é preciso situar a história da abolição é a estrutura social geral do Brasil. O poder dos latifundiários depois da abolição continuou como dantes. Qual foi sua reação diante desta mudança? No presente ensaio examinei a explicação tradicional para o republicanismo dos ex-senhores de escravos e sugeri que pelo menos uma das razões de seu novo entusiasmo era seu receio da reforma agrária. Esta explica-

---

* Anteriormente publicado sob o título Landowners and the Overthrow of the Empire, *Luso-Brazilian Review*, Vol. VII, nº 2 (dezembro 1970), pp. 44-56.

ção não foi apresentada aqui em termos definitivos, mas como um programa para futura pesquisa.

A elite brasileira manobrou para sobreviver crise após crise, muitas vezes produzindo as formas de seu poder mas raramente sua substância. O estabelecimento da Primeira República, em 1889, foi uma ocasião assim, e continua a merecer a atenção do historiador[1]. Pode-se perguntar se, enquanto mudavam as aparências políticas, os controles empregados pelos latifundiários eram seriamente enfraquecidos. De fato, ou por seu apoio ativo aos republicanos ou por sua inatividade, eles garantiram a vitória do novo sistema.

Habitualmente explica-se este comportamento, em 1889, chamando a atenção para o fim da escravatura no ano anterior. Sentindo-se traídos pelo imperador e não conseguindo assegurar a compensação por seu prejuízo, os fazendeiros logicamente dirigiram seu ressentimento contra seu antigo aliado — ou criatura — e trabalharam para a queda de Pedro II. A partir de 1921, quando o pioneiro Percy Alvin Martin pela primeira vez procurou explicar a um auditório de língua inglesa as causas da vitória republicana em 1889, poucos duvidaram de que os senhores de escravos tendiam para esta solução. Julgava que "esta influente classe tinha deixado de ver seus interesses identificados com aqueles da monarquia" e, em vista da maneira como os senhores de escravos foram espoliados, Martin considerava "pequeno prodígio" que

muitos dos fazendeiros cerrassem fileiras com os republicanos ou pelo menos olhassem com complacência ou aberta aprovação sua propaganda antidinástica[2].

Mais do que trinta e cinco anos depois, C. H. Haring ainda podia resumir a cultura convencional dos historia-

1. A literatura sobre este assunto é passada em revista por GEORGE C. A. BOEHRER, The Brazilian Republican Revolution: Old and New Views, *Luso-Brazilian Review*, III, nº 2 (Inverno, 1966), pp. 43-57; notem-se especialmente suas observações sobre a aliança entre latifundiários e republicanos. Uma análise historiográfica extremamente hábil é feita por Emília Viotti da Costa, "Sobre as Origens da República", in *Anais do Museu Paulista*, XVIII (1964), 63-120, 'e "A Proclamação da República", in *Anais do Museu Paulista*, XIX (1965), 169-207.

2. PERCY ALVIN MARTIN, Causes of the Collapse of the Brazilian Empire, *Hispanic American Historical Review*, IV (1921), 9.

dores brasileiros dizendo que a abolição

provocou amargura e ressentimento entre os latifundiários... e forneceu um pretexto para descontentamento político. Os vínculos de interesse comum com a coroa foram rompidos[3].

E concluía que entre as causas da queda do Império estava seu "abandono do interesse pela agricultura através da emancipação dos escravos sem indenização"[4].

Contudo, há muitas dificuldades com relação a esta opinião comum. Primeiro, seus próprios proponentes estão de acordo em que o governo imperial era dominado por proprietários rurais. Na verdade, tiveram que ceder diante da questão da escravatura e alguns deles pensavam que sob a República poderiam assegurar uma audiência mais favorável para suas exigências de compensação. A relutância do Partido Republicano em tomar uma atitude firme em favor da abolição encorajou-os, e foi precisamente para antecipar-se a tal pressão que Rui Barbosa, depois da declaração da República, se apressou tanto em destruir o registro oficial de escravos. Mas, mesmo se eles contavam com tal resultado, poder-se-ia esperar que os ex-senhores de escravos mostrassem alguma relutância em deixar partir o pássaro da autoridade direta que tão firmemente detinham em troca dos dois pássaros do poder e da indenização ainda adejantes em algum lugar do matagal do republicanismo. Depois que o governo imperial no fim de 1888 e novamente no início de 1889 levantou enormes somas na Inglaterra para financiar empréstimos aos fazendeiros, um arranjo pelo qual aqueles que tivessem perdido mais escravos teriam preferência, pareceria mais prudente para eles aguardar os resultados[5].

Segundo, mostrei, em outro lugar, que grande número de fazendeiros donos de escravos encorajavam diretamente a abolição da escravatura como meio de acabar a fuga em massa de escravos de suas propriedades[6]. Fazendeiros

3. C. H. HARING, *Empire in Brazil: a New World Experiment with Monarchy* (Cambridge, Mass.: Harvard University Press, 1958), p. 106.

4. *Ibid.*, p. 144.

5. ROBERTO SIMONSEN, As Conseqüências Econômicas da Abolição, *Revista do Arquivo Municipal de São Paulo*, Ano IV, Vol. XLVII (1938), 263-265.

6. RICHARD GRAHAM, Causes of the Abolition of Negro Slavery in Brazil: an Interpretive Essay, *Hispanic American Historical Review*, XLVI (1966), 123-137.

e governo encontravam-se em difícil situação cuja única saída era a abolição. Os proprietários rurais *eram* o Império e este dificilmente se identificava mais com a abolição do que eles. Alguém poderia especular dizendo que não foram os fazendeiros que consentiram na abolição da escravatura os que se voltaram contra o imperador. Mas os líderes do elemento rural no seio do movimento republicano freqüentemente eram da mesma porção progressista do Centro-Oeste de São Paulo que mais encorajaram a abolição final. Embora seja verdade que os senhores das decadentes plantações do Vale do Paraíba também se juntaram ao movimento republicano, eles teriam sido incapazes de reunir bastante força física para defender o Império caso tivessem pretendido isso, precisamente porque já se encontravam em declínio financeiro e social. Dificilmente os senhores rurais poderiam censurar a Coroa baseados na lei que acabou com a escravatura sem também censurar a si próprios.

Terceiro, a República que de fato emergiu imediatamente depois de 1889 não era inteiramente sua criatura. Não só se opôs à indenização pela perda de escravos, mas durante os cinco primeiros anos orientou-se para medidas que se opunham diretamente aos interesses dos latifundiários. Os empréstimos acima citados não foram usados para ajudar os proprietários rurais mas para fomentar a indústria e os serviços urbanos. Foram adotadas tarifas que, no conjunto, não favoreciam a classe agrária[7]. E, acima de tudo, antes de 1894, o poder foi parar predominantemente nas mãos de grupos urbanos, especialmente patentes militares, para os quais os senhores rurais tinham profundo desprezo[8]. Evidentemente, todas estas coisas aconteceram depois de 1889, e os senhores rurais espoliados não podiam prever que as coisas seriam piores para eles do que tinham sido antes. Mas não podemos subestimar sua perspicácia política. Havia muitas indicações sobre o modo como as coisas se passariam na República: os oficiais do Exército haviam criado constantes dificul-

---

7. NÍCIA VILLELA LUZ, *Aspectos do Nacionalismo Econômico Brasileiro. Os Esforços em prol da Industrialização*, Coleção "Revista de História", 16 (São Paulo: "Revista de História", 1959), pp. 84-88.

8. JUNE E. HAHNER, *Civilian-Military Relations in Brazil, 1889-1898* (Columbia, S.C.: University of South Carolina Press, 1969), pp. 34-72.

dades para o governo orientado pelos latifundiários antes de 1889; a recusa do Exército em perseguir os escravos fugitivos talvez fosse a principal razão de sua bem sucedida fuga em massa; a presença de elementos antitradicionais no seio do movimento republicano era coisa manifesta. A aliança dos latifundiários com estes elementos não poderia ser bom negócio.

A velha linha de raciocínio, portanto, sugeria que a classe dos proprietários rurais se vingou às próprias custas, renunciando ao poder político e até mesmo aos interesses econômicos com a finalidade de vingar-se do velho regime. Se a República tivesse sido declarada imediatamente depois da abolição, estaríamos diante de uma reação humana verossímil. Mas foi apenas um ano e meio depois que o imperador foi destronado. Que alguns homens agissem irracionalmente, pode-se até aceitar; mas que todos os latifundiários permanecessem indiferentes enquanto um pequeno corpo de oficiais arrivistas conduzidos por um velho general incompetente se apoderava das rédeas do governo e punha por terra um sistema político tão perfeitamente harmonizado com os interesses do latifundiário, parece contrariar aquilo que conhecemos do comportamento humano[9].

Há outra explicação para o apoio dos latifundiários ao republicanismo que não tem estes inconvenientes, e apresento uma sugestão para ulterior pesquisa em arquivos brasileiros ou em documentos privados dos latifundiários. Eles aderiram ao movimento republicano não tanto por despeito e amargura, mas para evitar aquilo que lhes parecia um desastre até maior do que aquele da abolição: a reforma agrária. Haviam descoberto que nem eles nem as estruturas políticas do Império eram suficientemente fortes para impedir a abolição, e sabiam que a reforma agrária era parte do "saco" abolicionista. Tendo recuado diante de uma questão, procuravam agora defender-se contra outra. Sentiam que o imperador era demasiado fraco e a estrutura partidária muito caótica para evitar o sucesso daqueles que organizavam a investida abolicionista. Precisavam procurar

---

9. Dir-se-á que a explicação está na aversão brasileira à violência; mas o tratamento concedido aos seguidores de Antonio Conselheiro poucos anos depois parece tornar duvidosa tal explicação.

meios alternativos para se protegerem. Embora houvesse riscos em tomar partido pelos republicanos, julgavam que estes eram menores do que aqueles que adviriam na confrontação com o Império.

O que me proponho fazer no resto do artigo é indicar certa evidência preliminar de que os abolicionistas ligavam a abolição à reforma agrária; de que depois da abolição retornariam à reforma agrária como seu próximo alvo; e de que os senhores de escravos acreditavam que os abolicionistas eram revolucionários e estavam naturalmente alarmados com a ameaça da reforma agrária.

As opiniões de dois abolicionistas — Joaquim Nabuco e André Rebouças —, cujos antecedentes e experiências eram amplamente diferentes, servirão como exemplos da maneira como a reforma agrária era considerada parte de uma reestruturação global da sociedade, reestruturação à qual a abolição deveria levar. Nabuco procedia de uma família da aristocracia agrária do Nordeste. Formado em Direito pelas melhores escolas então existentes no Brasil e tendo feito longas viagens pela Europa e Estados Unidos, era o líder urbano, autoconfiante e articulador de todo o movimento. Rebouças, de outro lado, era um mulato da classe média baixa. Sua educação limitava-se ao treinamento de engenharia proporcionado pela escola militar. Seu estilo era desarticulado e, as vezes, bombástico. Socialmente, sentia-se pouco à vontade, e suas gafes eram tema constante de seu diário. Embora nem Nabuco nem Rebouças tivessem recursos financeiros, Nabuco tinha aquilo que faltava a Rebouças: relações. Apesar destas diferenças, ambos viam a abolição como um simples passo com vistas à edificação de uma nação industrial progressista fundamentada numa próspera classe agrícola de pequenos proprietários rurais. Ambos endossavam a sentença de Plínio: *latifundia Italiam perdiderunt* [10]. Se o Brasil quisesse evitar a mesma sorte, deveria introduzir a reforma agrária.

Rebouças achava chocante que "um único homem pudesse ter vinte léguas quadradas de terra e 3 000 homens". Tal coisa "era possível nos tempos da barbárie e

---

10. ANDRÉ REBOUÇAS, *Agricultura Nacional, Estudos Econômicos; Propaganda Abolicionista e Democrática* (Rio de Janeiro, Lamoureux, 1883), p. 30; JOAQUIM NABUCO, *O Abolicionismo* (Londres, Abraham Kingdon, 1883), p. 167.

obscurantismo" mas estava convicto de que tal tempo tinha passado depois do 4 de agosto de 1789, quando a França acabou com o feudalismo[11]. Para ele "a subdivisão da terra" seria o único meio "de acabar com o inevitável abuso das fazendas de cana-de-açúcar e café com léguas e léguas de terras não cultivadas"[12].

Abolição e reforma agrária andavam juntas. "A emancipação do escravo e sua regeneração através da propriedade rural" seria possível se, com o fim da escravatura, houvesse uma "subdivisão racional das exageradas extensões de terra possuídas por nossos fazendeiros de café e de açúcar"[13]. Julgava que "ser livre e ser proprietário rural constitui a maior aspiração do escravo desta terra miserável"[14]!

Destas reformas emergeria uma nova ordem caracterizada pelo progresso. Na luta entre as nações, dizia,

a vitória certamente caberá à nacionalidade que mais rapidamente levar a cabo a progressiva evolução em direção à DEMOCRACIA RURAL e à exploração direta do solo por proprietários rurais[15].

Neste caso, o resultado final seria "uma classe de pequenos *proprietários e capitalistas*" com um conjunto de crenças e atitudes inteiramente novas[16]. Isso levaria ao *"progresso*, melhorando constantemente a terra e seus produtos e melhorando [constantemente] o trabalhador através de seu bem-estar e moralidade"[17]. Porque considerava evidente que a propriedade rural iria transformar a natureza e o espírito do trabalhador e ex-escravo, civilizando-o e elevando-o[18]. Assim Rebouças podia demonstrar que o progresso e a prosperidade nacionais dependeriam da "propriedade natural, legítima e totalmente garantida de cada pessoa sobre os meios de produção e o produto de seu trabalho"[19]. Assim

11. REBOUÇAS, *Agricultura Nacional*, p. 64.
12. *Ibid.*, pp. 351-352.
13. *Ibid.*, pp. 125, 143.
14. *Ibid.*, p. 126.
15. *Ibid.*, p. 30.
16. *Ibid.*, p. 124.
17. *Ibid.*, p. 143.
18. *Ibid.*, p. 126.
19. *Ibid.*, p. 14.

as reformas sociais, econômicas e financeiras exigidas pelo mais puro espírito de Liberdade e Progresso são os únicos meios que permitem alicerçar em bases sólidas a prosperidade da Agricultura Nacional[20].

Os latifundiários, então como agora, sustentavam que se os métodos eram atrasados, se suas terras freqüentemente não eram cultivadas de forma alguma, se seus trabalhadores viviam miseravelmente em condições desumanas, tudo isso podia ser mudado sem reforma agrária, desde que o governo quisesse ajudar os latifundiários. Com relação aos créditos agrícolas propostos em 1888 e 1889, é especialmente importante notar como os abolicionistas viram inicialmente tais medidas. Rebouças, que sempre teve algo de moralista puritano, replicou que os empréstimos aos latifundiários não seriam usados para adquirir arados, atrair imigrantes, melhorar as condições de vida, ou aumentar a produção, mas simplesmente para pagar outras dívidas contraídas a taxas elevadas para financiar prodigalidades passadas. Tais empréstimos governamentais viriam piorar o desperdício da

rotina, ignorância e da aristocracia rural... Todo o dinheiro que agora constitui a dívida dos latifundiários foi esbanjado em jogo, em campanhas eleitorais, em bailes, banquetes, e em toda sorte de dissipação[21]!

Em vez disso, propôs que as terras hipotecadas fossem executadas sempre que possível, e divididas entre os trabalhadores[22]. "A agricultura", concluía, "tem necessidade óbvia de ajuda; mas precisa ainda mais de reforma"[23].

Finalmente, Rebouças via em si mesmo um colaborador da vitória assegurada das novas forças. O liberalismo teria sido a força propulsora da mudança do século XIX, e por isso estava comprometido numa campanha que inevitavelmente caminhava para o sucesso.

A Democracia Rural é a base mais sólida da Democracia Nacional. A Democracia Rural é a velha aspiração dos liberais[24].

20. *Ibid.*, p. 409.
21. *Ibid.*, p. 313.
22. ROBERT B. TOPLIN, *The Movement for the Abolition of Slavery in Brazil: 1880-1888* (diss. não publicada, Rutgers University, 1968), p. 97.
23. REBOUÇAS, *Agricultura Nacional*, p. 409.
24. *Ibid.*, p. 306.

186

Joaquim Nabuco, de forma semelhante, via abolição e reforma agrária como coisas intimamente conexas. Tinha viva consciência de que, uma vez libertos os escravos, sua contribuição para o crescimento econômico seria limitado, a não ser que os padrões de posse de terra fossem alterados de maneira radical. Afinal, os "trabalhadores rurais sem terra... formam a quase totalidade de nossa população" e ainda participam de maneira absolutamente dura na vida nacional[25]. Isso acontecia exatamente porque não tinham terra.

Sentia-se especialmente molestado por sua absoluta dependência:

> Vivem segundo o capricho dos outros... Não falamos dos operários de indústria que, quando são despedidos de uma fábrica, encontram lugar em outra; nem das famílias que podem emigrar; nem dos artesãos que vão ao mercado de trabalho oferecer seus serviços. Falamos de uma população sem meios nem recursos, ensinados a considerar o trabalho uma ocupação servil, sem ter onde vender seus produtos, longe de um salário que permita economias — se é que existe tal Eldorado em nosso país — e que por estas razões devem resignar-se a educar seus filhos em condições de miséria e dependência[26].

Os próprios senhores de engenho admitiram, diz ele, que o pobre trabalhador rural "nem sequer pode ter moradia segura: de um momento para outro pode ser posto na rua, por capricho"[27].

Nabuco levanta a voz contra o sistema injusto no qual o pobre "carece de uma nesga de terra que possa chamar sua"[28]. A partir desta condição emergia todo o outro sofrimento. Por exemplo, sua moradia era de baixo padrão:

> A população [livre] vive em barracos em que o vento e a chuva penetram, sem assoalho e vidraças, sem mobília ou qualquer outro conforto, somente com uma rede de índio ou o rústico leito de madeira do negro, uma bilha e uma panela e o violão pendurado ao lado de uma imagem de santo. Isso no campo: nos pequenos povoados e cidades do interior, as casas do pobre, daqueles que não têm nem emprego nem um negócio, são pouco mais do que aqueles miseráveis casebres do lavrador e do empregado de fazenda. Nas capitais [provinciais] de ruas elegantes e subúrbios aristocráticos, favelas que no século dezenove dão a impressão de cortiços estendem-se até as portas da cidade como Afogados em Recife[29].

25. NABUCO, *Abolicionismo*, p. 177.
26. *Ibid.*, pp. 177-178.
27. *Ibid.*, p. 178.
28. *Ibid.*, p. 165.
29. *Ibid.*, p. 159.

Os trabalhadores sem terra "vivem como ciganos", diz ele,

incorporando-se ocasionalmente às fazendas onde encontram abrigo, formando pequenos núcleos nos interstícios das propriedades agrícolas, construindo suas quatro paredes de barro onde têm permissão de fazer isso em troca de condições de vassalagem que faz dos trabalhadores residentes simples servos[30].

A raiz de seus problemas era a falta de terra.

Mas não era em primeiro lugar o zelo humanitário que o impelia, dizia Nabuco. O progresso era o grande objetivo dos reformadores brasileiros do século XIX; tanto a escravatura como os latifúndios encontravam-se em seu caminho.

A divisão feudal da terra ao lado do monopólio do trabalho impede a formação de centros de trabalhadores de indústria e a extensão do comércio ao interior.

Lançando um olhar retrospectivo, concluía que

a escravatura esterilizava o solo através do cultivo extensivo, brutalizava os escravos, impedia o desenvolvimento das regiões, e espalhava nas imediações dos feudos senhoriais uma região miasmática devastada pelas instituições que lhe serviam de base[31].

Com evidente satisfação, Nabuco citava um dos mais poderosos opositores, o Barão de Cotegipe, ao dizer que

o velho e vicioso sistema colonial de outorga de terras [sesmarias]... produziu este fenômeno: quase toda a terra está ocupada por uma população relativamente insignificante que não a cultiva nem permite que seja cultivada[32].

Nabuco deduziu que

a divisão de uma vasta província em verdadeiras colônias penais, pequenos Achantis onde uma só vontade impera... serve para obstruir o progresso. Isso não pode trazer nenhum benefício permanente para a região assim dividida ou para a população livre que nela vive num estado de contínua dependência do favor dos latifundiários. Por essa razão, o progresso no interior é nulo, mesmo depois de 300 anos de existência nacional[33]. Assim a terra não é fertilizada nem pelas economias do pobre nem pela liberalidade do

30. *Ibid.*, p. 167.
31. *Ibid.*, p. 164.
32. *Ibid.*, p. 150.
33. *Ibid.*, pp. 150-151.

rico. A pequena propriedade somente existe porque eles a toleram. Não existe classe média, a força das nações; só existem o rico senhor de escravos e os proletários[34].

Os vícios dos grandes latifundiários atraíam a ira de Nabuco como acontecia com Rebouças, e pela mesma razão. Toda proposta de ajuda aos latifundiários desafiavam a evidência com relação a seus valores corruptos.

A aristocracia que possui a terra não está empenhada e não se ocupa em transformá-la em habitação permanente e saudável cheia de conforto para pessoas felizes. As famílias são nômades, gravitando em torno da Corte. Das fazendas de café e cana-de-açúcar tiram o dinheiro que vai ser gasto na cidade [por tanto tempo quanto possível] e então hibernam em seu maçante tédio pelo resto do ano[35].

"Pelo que vejo", concluía o líder do abolicionismo, "a emancipação dos escravos é apenas o começo da tarefa. . ."[36]. "Além desta, existe aquela mais ampla do futuro: apagar todos os efeitos deste sistema"[37]. Desta forma, todas as estruturas da sociedade devem ser reexaminadas. Os abolicionistas, dizia, estão empenhados na "reconstrução do Brasil", e incluem em suas fileiras as pessoas que "estão revoltadas contra este monopólio — da terra, do capital e do trabalho"[38]. Sua intenção não era apenas de acabar com a base legal da escravatura mas "muito mais: a soma de todo o poder, influência, capital e sistema de dependência dos senhores; [isto é] o feudalismo do interior", como também o sistema social no qual "religião, Parlamento, Coroa e Estado se encontram à frente de uma coligação de uma minoria aristocrática"[39]. Tal transformação deve depender de esforços para "melhorar a sorte dos servos e dividir entre eles a terra que eles cultivam"[40].

Em 1887, um jornal abolicionista repetia esta exigência:

A batalha está longe de se encerrar; o abolicionismo é, ao mesmo tempo, uma revolução referente ao trabalho e à terra, e só

34. *Ibid.*, p. 158.
35. *Idem.*
36. *Ibid.*, p. 251.
37. *Ibid.*, p. 5.
38. *Ibid.*, pp. 16, 19.
39. *Ibid.*, p. 7.
40. *Ibid.*, pp. 212-213; ver também pp. 215-217.

pode acabar com a democratização da terra e com a definitiva constituição da nação brasileira.

... O ano de 1887 deve fazer a primeira tentativa para a organização de um partido abolicionista, não somente para a abolição da escravatura, mas para a abolição de todos os problemas que dela dependem, começando pelo monopólio territorial[41].

Não é de admirar que depois disso os latifundiários temessem esses homens que, se de fato não defendiam o "ódio de classe", pelo menos insistiam na "destruição da velha ordem de coisas para construir sobre ela uma nova ordem"[42].

E, de fato, sentindo o cheiro de sangue depois de sua vitória de maio de 1888, os abolicionistas insistiam na reforma agrária. Manuel Pinto de Souza Dantas, um abolicionista moderado que em tempos passados estivera à frente de um ministério reformista, tornou isso claro em setembro do mesmo ano. Apontando caracteristicamente para o exemplo inglês, descrevia os estudos britânicos sobre padrões de posse de terra que então eram realizados e concluía que as grandes propriedades estavam desaparecendo. Então perguntou:

Por que não segue o Brasil este progresso? Tal política, Senhor Presidente, começou com a lei de 13 de maio e não há de parar[43].

O mesmo ministério, sob a direção de João Alfredo Correia de Oliveira, que supervisionara a ratificação daquela lei, redigiu cuidadosamente as advertências a serem lidas pelo imperador na sessão de abertura do Parlamento no ano seguinte; segundo as palavras de Pedro II, não só deve ser revista a lei referente à aquisição privada de domínio público, mas o Parlamento deve tomar uma decisão referente

à conveniência de outorgar ao Governo o direito de expropriar, no interesse público, as terras que confinam com as ferrovias, desde que não sejam cultivadas por seus donos[44].

41. *O Paiz*, 1 de janeiro de 1887, citado por TOPLIN, *he Movement for the Abolition*, p. 98.
42. Discurso de Pedro Leão Velloso, 17 de julho, 1888, no Brasil, Congresso, Senado, *Anais*, 1888, III, 189.
43. Discurso de Manuel Pinto de Sousa Dantas, 28 de setembro, 1888, in *ibid.*, V, 228.
44. Pedro II, "Fala do Trono", 3 de maio, 1889, no Brasil, Congresso, Câmara dos Deputados, *Anais*, 1889, I, 16.

190

É de notar que semelhante proposta feita pelo Presidente João Goulart, em 1963, influiu na derrubada de seu governo pelos militares.

A situação dos latifundiários piorou alguns meses depois. Em 1889, o Partido Conservador estava profundamente dividido, e Pedro II julgou impossível encontrar um líder em suas fileiras para suceder a João Alfredo quando este renunciou depois de uma crise ministerial. Em seu lugar, foi escolhido o liberal Visconde de Ouro Preto. Sua estratégia consistia em preservar o Império levando avante reforma após reforma com a maior rapidez possível. Em seu primeiro discurso na Câmara dos Deputados contou sua entrevista com Pedro II. Ele sustentava que para conter a onda montante de sentimento antiimperial

> os meios não eram a violência e a repressão; estes meios consistem antes em demonstrar praticamente que o atual sistema de governo é dotado de suficiente elasticidade para incorporar os mais avançados princípios... Este objetivo será alcançado se, com coragem e firmeza, forem empreendidas amplas reformas no campo político, social e econômico, reformas estas inspiradas na escola democrática.

Ainda que, ao chegar às especificações, se tenha limitado a uma "lei agrária que facilitará a aquisição da terra, embora respeitando os direitos dos possuidores", sua referência à "escola democrática" teve uma significação prodigiosa para seu auditório[45]. Embora se tratasse de um político experiente, interpretou mal as tendências do tempo; procurando recuperar a Esquerda, perdeu o apoio da Direita.

Contudo, mais importante do que aquilo que os abolicionistas faziam é aquilo que os latifundiários julgavam que poderiam fazer. Uma leitura das atas da Câmara dos Deputados e do Senado deixa a clara impressão de que estes representantes da elite rural viviam sob a sombra do medo. A ameaça de ulterior mudança causava calafrios em sua coluna coletiva. O mais franco líder conservador era o Barão de Cotegipe, já citado. Na época da lei da abolição já previra o perigo:

> Com uma penada esta propriedade [escravo] está legalmente perdida... Está decretado que neste país não há propriedade, que

45. Discurso de Afonso Celso de Assis Figueiredo, Visconde de Ouro Preto, 11 de junho, 1889, in *ibid.*, I, 141.

tudo pode ser destruído por uma lei. . . É possível prever as conseqüências? Não é segredo: em breve pedirão a divisão da terra – há exemplos disso em muitos países – desses latifúndios, ou grátis ou por um preço mínimo, e o Estado estará em condições de decretar a expropriação sem indenização[46].

Poucos meses mais tarde, outro conservador resumiu seus receios num discurso no Parlamento. Referindo-se aos abolicionistas, perguntou:

Que pretendem eles fazer? Querem o desaparecimento daquilo que chamam feudalismo rural, de modo que sobre suas ruínas possa ser edificada a democratização da terra. . . Querem que se realize a transformação através da destruição da grande propriedade contra a qual trabalham. E é porque este é seu objetivo que não cessam de dizer, com uma franqueza digna de louvor, que o partido abolicionista não desapareceu com a lei da abolição[47].

E continuava:

O que estão dizendo é que devemos acabar com o feudalismo rural para que se estabeleça a democracia agrícola[48].

Mas é claro que os males dos latifúndios não eram novos no Brasil. Havia muitas declarações, já na época colonial, criticando o sistema de posse da terra e os efeitos perniciosos da concentração de muita terra nas mãos de pequena porção da população rural. No tempo da independência falara-se também de reforma. Em 1840, um corajoso jornalista dedicou-se a esta causa em Recife[49]. E era comum ouvir declarações mesmo entre grandes latifundiários, como vimos, afirmando que a concentração de terra não era um fenômeno sadio.

Mas então porque os latifundiários estavam agora assustados? Em razão de sua recente experiência com a abolição da escravatura. Enquanto durante todo o século XIX tanto estadistas como excêntricos desacreditavam a natureza do sistema brasileiro de posse da terra, ninguém

---

46. Discurso de João Maurício Wanderley, Barão de Cotegipe, 12 de maio, 1888, no Brasil, Congresso, Senado, *Anais*, 1888, I, 35.

47. Discurso de Leão Velloso, 17 de julho, 1888, in *ibid.*, III, 188.

48. *Ibid.*, p. 189.

49. A. P. FIGUEIREDO, citado por T. Lynn Smith, org., *Agrarian Reform in Latin America* (Nova York, Knopf, 1965), pp. 67-75.

se preocupara porque os que tinham poder não tinham vontade e aqueles que tinham vontade não tinham poder para coisa alguma. Mas agora os latifundiários eram levados a refletir sobre sua recente experiência com a abolição da escravatura — e estavam receosos.

Mas seus receios estavam fora de lugar. Parece que os abolicionistas pensavam em termos de imposto sobre a terra; caso isso fosse transformado em lei, os efeitos — dado que os latifundiários administravam e ainda administram tais impostos no Brasil — provavelmente não teriam aparecido até hoje. De fato, Rebouças preferia incentivos em vez de impostos[50].

Mas em seus primeiros tempos, os abolicionistas também tinham sido muito brandos com relação à escravatura. Em 1870, Rebouças disse que "não há reforma liberal, por mais ampla que seja, que não possa ser levada a cabo pela imprensa ou pela palavra. O apelo à força bruta é sempre um crime"[51]. E Nabuco afastara a sugestão feita no sentido de que a campanha abolicionista fosse dirigida ao escravo; negou qualquer intenção de incitar os escravos "à insurreição ou ao crime"[52].

Agora sabemos e os latifundiários sabiam o que ia acontecer no fim. As palavras dos abolicionistas acabaram beneficiando interesses de grupos urbanos; homens de negócio, estudantes, juízes, e finalmente oficiais do Exército ouviram o apelo, deixaram-se convencer, protegeram milhares de escravos foragidos, e voltaram-se contra os senhores de escravos. Suas palavras chegaram também às senzalas por via oral e por meio de um esforço sistemático, e disso resultou um movimento de massa que, de um dia para outro, levou ao abandono de fazendas; os escravos, sem serem molestados, vagueavam pelas estradas ou procuravam abrigo nas cidades[53].

Os latifundiários viam nisto uma revolução. Como escreveu um deles em 1888, não podemos "depor nossas armas e deixar que a revolução decrete a liberdade dos escravos"[54]. Cotegipe perguntou a um amigo: "Para que

50. REBOUÇAS, *Agricultura Nacional*, pp. 273, 352.
51. *Ibid.*, p. 307.
52. NABUCO, *Abolicionismo*, p. 25.
53. Ver Cap. 3.
54. Discurso de Rodrigo Silva, 9 de maio, 1888, no Brasil, Congresso, Câmara dos Deputados, *Anais*, 1888, I, 56.

193

uma lei abolicionista? Realmente, o fato está consumado — e de maneira revolucionária"[55]. Poucos meses depois, outro conservador referia-se aos "verdadeiros abolicionistas, guiados pelo espírito da *revolução* de 13 de maio"[56]. Como explicou, ele também teria votado pela abolição, visto ser evidente que

> o Estado não tem a força suficiente para conter a fuga dos escravos das fazendas... Depois do que foi dito e feito, a abolição já era completa e a lei nada mais podia fazer senão sancionar o fato[57].

A opinião de que sem o apoio dos latifundiários "a abolição seria levada a cabo exclusivamente pela revolução popular"[58] era generalizada entre os detentores da terra. Assim, se agora os abolicionistas insistiam em mudanças na posse da terra, os latifundiários só podiam estremecer. Pelo que podiam ver, os abolicionistas estavam tentando "estabelecer uma nova ordem"[59].

Resuminando, dada a permeabilidade da estrutura imperial para incursões abolicionistas no passado, sua atual defesa da reforma agrária só podia ser considerada de mau agouro. Esta é a razão por que muitos conservadores, ex-senhores de escravos latifundiários, se voltaram para a República. Embora ela também tivesse seus reformadores e seus radicais, embora ela também ameaçasse a velha ordem estabelecida e tivesse mesmo muitos abolicionistas em suas fileiras, ainda assim muitos latifundiários julgaram que valia a pena correr os riscos. Talvez fossem levados pela exigência republicana de federalismo, visto que, como acabou acontecendo, os Estados se prestaram especialmente muito bem à manipulação pelas elites rurais. Em todo caso, tentariam usar o republicanismo para manter o *status quo*,

55. Cotegipe a Francisco Ignácio de Carvalho Moreira, Barão de Penedo, Petrópolis, 8 de abril, 1888, in RENATO MENDONÇA, *Um diplomata na corte de Inglaterra; o Barão de Penedo e sua época*, Brasiliana 219 (São Paulo, Editora Nacional, 1942), p. 397.
56. Discurso de Leão Velloso, 17 de julho, 1888, no Brasil, Congresso, Senado, *Anais*, 1888, p. 189.
57. *Ibid.*, p. 190.
58. NAZARETH PRADO, org., *Antonio Prado no Império e na República: Seus Discursos e Actos Colligidos e Apresentados por sua Filha* (Rio de Janeiro, Briguiet, 1929), p. 25, citado por TOPLIN, *The Movement for the Abolition*, p. 208.
59. Discurso de Leão Velloso, 17 de julho, 1888, no Brasil, Congresso, Senado, *Anais*, 1888, p. 191.

exatamente da mesma forma como haviam usado a abolição. Antonio Prado, um dos mais proeminentes latifundiários a ocupar um alto cargo governamental no Império, observou que "se a questão da escravatura não fosse apoiada pelo governo, não reinaria a tranqüilidade que agora se observa"[60]. Os latifundiários decretaram a abolição para evitar uma mudança real e agora iriam apoiar a República pela mesma razão. ·

E eles tinham razão. Embora nos primeiros cinco anos da República o mando estivesse nas mãos de militares de origem urbana, por fim os latifundiários tiveram condições de afastar os oficiais. Tirando proveito das divisões dentro do grupo militar e apoiando-se especialmente em sua própria força armada composta de trabalhadores e dependentes ainda sem sua própria terra, os latifundiários tiveram condições de negociar com a ditadura militar a partir de uma posição de força[61]. Em 1894, estavam de volta no poder e em 1898 sua posição era segura. A reforma agrária foi esquecida e não foi revivida como problema real na política brasileira até cerca de 1960 — e, nesta ocasião, com resultados notavelmente semelhantes. A República não tentou resolver os problemas apontados por Rebouças e Nabuco. Nabuco previra claramente que "no seio da República não há lugar para os iletrados, para os pequenos, para o pobre"[62].

60. NAZARETH PRADO, org., *Antonio Prado*, p. 23, citado por TOPLIN, *The Movement for the Abolition*, p. 208.
61. JUNE E. HAHNER, "The Paulistas" Rise to Power: a Civilian Group Ends Military Rule, *Hispanic American Review*, XLVII (1967), 149-165.
62. Discurso de Joaquim Nabuco, 11 de junho, 1889, no Brasil, Congresso, Câmara dos Deputados, *Anais*, 1889, I, 153.

COLEÇÃO DEBATES

1. *A Personagem de Ficção*, A. Rosenfeld, A. Candido, Décio de A. Prado, Paulo Emílio S. Gomes.
2. *Informação, Linguagem, Comunicação*, Décio Pignatari.
3. *O Balanço da Bossa e Outras Bossas*, Augusto de Campos.
4. *Obra Aberta*, Umberto Eco.
5. *Sexo e Temperamento*, Margaret Mead.
6. *Fim do Povo Judeu?*, Georges Friedmann.
7. *Texto/Contexto*, Anatol Rosenfeld.
8. *O Sentido e a Máscara*, Gerd A. Bornheim.
9. *Problemas de Física Moderna*, W. Heisenberg, E. Schrödinger, Max Born, Pierre Auger.
10. *Distúrbios Emocionais e Anti-Semitismo*, N. W. Ackerman e M. Jahoda.
11. *Barroco Mineiro*, Lourival Gomes Machado.
12. *Kafka: Pró e Contra*, Günther Anders.
13. *Nova História e Novo Mundo*, Frédéric Mauro.
14. *As Estruturas Narrativas*, Tzvetan Todorov.
15. *Sociologia do Esporte*, Georges Magnane.
16. *A Arte no Horizonte do Provável*, Haroldo de Campos.

17. *O Dorso do Tigre*, Benedito Nunes.
18. *Quadro da Arquitetura no Brasil*, Nestor Goulart Reis Filho.
19. *Apocalípticos e Integrados*, Umberto Eco.
20. *Babel & Antibabel*, Paulo Rónai.
21. *Planejamento no Brasil*, Betty Mindlin Lafer.
22. *Lingüística, Poética, Cinema*, Roman Jakobson.
23. *LSD*, John Cashman.
24. *Crítica e Verdade*, Roland Barthes.
25. *Raça e Ciência I*, Juan Comas e outros.
26. *Shazam!*, Álvaro de Moya.
27. *Artes Plásticas na Semana de 22*, Aracy Amaral.
28. *História e Ideologia*, Francisco Iglésias.
29. *Peru: Da Oligarquia Econômica à Militar*, Arnaldo Pedroso D'Horta.
30. *Pequena Estética*, Max Bense.
31. *O Socialismo Utópico*, Martin Buber.
32. *A Tragédia Grega*, Albin Lesky.
33. *Filosofia em Nova Chave*, Susanne K. Langer.
34. *Tradição, Ciência do Povo*, Luís da Camara Cascudo.
35. *O Lúcido e as Projeções do Mundo Barroco*, Affonso Ávila.
36. *Sartre*, Gerd A. Bornheim.
37. *Planejamento Urbano*, Le Corbusier.
38. *A Religião e o Surgimento do Capitalismo*, R. H. Tawney.
39. *A Poética de Maiakóvski*, Bóris Schnaiderman.
40. *O Visível e o Invisível*, M. Merleau-Ponty.
41. *A Multidão Solitária*, David Riesman.
42. *Maiakóvski e o Teatro de Vanguarda*, A. M. Ripellino.
43. *A Grande Esperança do Século XX*, J. Fourastié.
44. *Contracomunicação*, Décio Pignatari.
45. *Unissexo*, Charles Winick.
46. *A Arte de Agora, Agora*, Herbert Read.
47. *Bauhaus — Novarquitetura*, Walter Gropius.
48. *Signos em Rotação*, Octavio Paz.
49. *A Escritura e a Diferença*, Jacques Derrida.
50. *Linguagem e Mito*, Ernst Cassirer.
51. *As Formas do Falso*, Walnice N. Galvão.
52. *Mito e Realidade*, Mircea Eliade.
53. *O Trabalho em Migalhas*, Georges Friedmann.
54. *A Significação no Cinema*, Christian Metz.
55. *A Música Hoje*, Pierre Boulez.
56. *Raça e Ciência II*, L. C. Dunn e outros.
57. *Figuras*, Gérard Genette.
58. *Rumos de uma Cultura Tecnológica*, Abraham Moles.
59. *A Linguagem do Espaço e do Tempo*, Hugh M. Lacey.
60. *Formalismo e Futurismo*, Krystyna Pomorska.
61. *O Crisântemo e a Espada*, Ruth Benedict.
62. *Estética e História*, Bernard Berenson.
63. *Morada Paulista*, Luís Saia.
64. *Entre o Passado e o Futuro*, Hannah Arendt.
65. *Política Científica*, Darcy F. de Almeida e outros.
66. *A Noite da Madrinha*, Sergio Miceli.
67. *1822: Dimensões*, Carlos Guilherme Mota e outros.
68. *O Kitsch*, Abraham Moles.

69. *Estética e Filosofia*, Mikel Dufrenne.
70. *Sistema dos Objetos*, Jean Baudrillard.
71. *A Arte na Era da Máquina*, Maxwell Fry.
72. *Teoria e Realidade*, Mario Bunge.
73. *A Nova Arte*, Gregory Battcock.
74. *O Cartaz*, Abraham Moles.
75. *A Prova de Gödel*, Ernest Nagel e James R. Newman.
76. *Psiquiatria e Antipsiquiatria*, David Cooper.
77. *A Caminho da Cidade*, Eunice Ribeiro Durhan.
78. *O Escorpião Encalacrado*, Davi Arrigucci Junior.
79. *O Caminho Crítico*, Northrop Frye.
80. *Economia Colonial*, J. R. Amaral Lapa.
81. *Falência da Crítica*, Leyla Perrone-Moisés.
82. *Lazer e Cultura Popular*, Joffre Dumazedier.
83. *Os Signos e a Crítica*, Cesare Segre.
84. *Introdução à Semanálise*, Julia Kristeva.
85. *Crises da República*, Hannah Arendt.
86. *Fórmula e Fábula*, Willi Bolle.
87. *Saída, Voz e Lealdade*, Albert Hirschman.
88. *Repensando a Antropologia*, E. R. Leach.
89. *Fenomenologia e Estruturalismo*, Andrea Bonomi.
90. *Limites do Crescimento*, Donella H. Meadows e outros.
91. *Manicômios, Prisões e Conventos*, Erving Goffman.
92. *Maneirismo: O Mundo como Labirinto*, Gustav R. Hocke.
93. *Semiótica e Literatura*, Décio Pignatari.
94. *Cozinhas, etc.*, Carlos A. C. Lemos.
95. *As Religiões dos Oprimidos*, Vittorio Lanternari.
96. *Os Três Estabelecimentos Humanos*, Le Corbusier.
97. *As Palavras sob as Palavras*, Jean Starobinski.
98. *Introdução à Literatura Fantástica*, Tzvetan Todorov.
99. *Significado nas Artes Visuais*, Erwin Panofsky.
100. *Vila Rica*, Sylvio de Vasconcellos.
101. *Tributação Indireta nas Economias em Desenvolvimento*, John F. Due.
102. *Metáfora e Montagem*, Modesto Carone Netto.
103. *Repertório*, Michel Butor.
104. *Valise de Cronópio*, Julio Cortázar.
105. *A Metáfora Crítica*, João Alexandre Barbosa.
106. *Mundo, Homem, Arte em Crise*, Mário Pedrosa.
107. *Ensaios Críticos e Filosóficos*, Ramón Xirau.
108. *Do Brasil à América*, Frédéric Mauro.
109. *O Jazz, do Rag ao Rock*, Joachim E. Berendt.
110. *Etc... Etc... (Um Livro 100% Brasileiro)*, Blaise Cendrars.
111. *Território da Arquitetura*, Vittorio Gregotti.
112. *A Crise Mundial da Educação*, Philip H. Coombs.
113. *Teoria e Projeto na Primeira Era da Máquina*, Reyner Banham.
114. *O Substantivo e o Adjetivo*, Jorge Wilheim.
115. *A Estrutura das Revoluções Científicas*, Thomas S. Kuhn.
116. *A Bela Época do Cinema Brasileiro*, Vicente de Paula Araújo.
117. *Crise Regional e Planejamento*, Amélia Cohn.
118. *O Sistema Político Brasileiro*, Celso Lafer.
119. *Êxtase Religioso*, Ioan M. Lewis.

120. *Pureza e Perigo*, Mary Douglas.
121. *História, Corpo do Tempo*, José Honório Rodrigues.
122. *Escrito sobre um Corpo*, Severo Sarduy.
123. *Linguagem e Cinema*, Christian Metz.
124. *O Discurso Engenhoso*, António José Saraiva.
125. *Psicanalisar*, Serge Leclaire.
126. *Magistrados e Feiticeiros na França do Século XVII*, R. Mandrou.
127. *O Teatro e sua Realidade*, Bernard Dort.
128. *A Cabala e seu Simbolismo*, Gershom G. Scholem.
129. *Sintaxe e Semântica na Gramática Transformacional*, A. Bonomi e G. Usberti.
130. *Conjunções e Disjunções*, Octavio Paz.
131. *Escritos Sobre a História*, Fernand Braudel.
132. *Escritos*, Jacques Lacan.
133. *De Anita ao Museu*, Paulo Mendes de Almeida.
134. *A Operação do Texto*, Haroldo de Campos.
135. *Arquitetura, Industrialização e Desenvolvimento*, Paulo J. V. Bruna.
136. *Poesia-Experiência*, Mario Faustino.
137. *Os Novos Realistas*, Pierre Restany.
138. *Semiologia do Teatro*, J. Guinsburg e J. Teixeira Coelho Netto.
139. *Arte-Educação no Brasil*, Ana Mae Barbosa.
140. *Borges: Uma Poética da Leitura*, Emir Rodríguez Monegal.
141. *O Fim de Uma Tradição*, Robert W. Shirley.
142. *Sétima Arte: Um Culto Moderno*, Ismail Xavier.
143. *A Estética do Objetivo*, Aldo Tagliaferri.
144. *A Construção do Sentido na Arquitetura*, J. Teixeira Coelho Netto.
145. *A Gramática do Decamerão*, Tzvetan Todorov.
146. *Escravidão, Reforma e Imperialismo*, R. Graham.
147. *História do Surrealismo*, M. Nadeau.
148. *Poder e Legitimidade*, José Eduardo de Oliveira Faria.
149. *Práxis do Cinema*, Noël Burch.
150. *As Estruturas e o Tempo*, Cesare Segre.
151. *A Poética do Silêncio*, Modesto Carone Netto.
152. *Planejamento e Bem-Estar Social*, Henrique Rattner.
153. *Teatro Moderno*, Anatol Rosenfeld.
154. *Desenvolvimento e Construção Nacional*, S. N. Eisenstadt.
155. *Uma Literatura nos Trópicos*, Silviano Santiago.
156. *Cobra de Vidro*, Sérgio Buarque de Holanda.
157. *Testando o Leviathan*, Fernanda Pacca de Almeida Wright.